Henri Brunel

Die Fünf-Minuten-Entspannung

W0039786

Henri Brunel

Die Fünf-Minuten-Entspannung

22 Übungen für alle, die viel Streß und wenig Zeit haben

Aus dem Französischen von
Stefanie Windfelder

Herder
Freiburg · Basel · Wien

Wenn das, was du sagst, weder schön,
noch gut oder wahr ist – dann schweig!

Sokrates

Für meine Mutter
Für meine Schüler
Für meine acht Enkelkinder

Inhalt

Schnelle Entspannungen

Variable Entspannungen

Langsame Entspannungen

Einleitung

Das *Sichentspannen* kann unser Leben verändern: Es eröffnen sich unbekannte Wege, und wenn die *Entspannung* einmal bis in unser Innerstes wirkt, ist sie eine schmale Brücke zum Glück. Wie soll man über sie schreiben, ohne um den heißen Brei herumzureden? Wie soll man auf die Risiken eingehen, die durch Manipulation, Abweichungen oder Übertreibungen entstehen? Wie soll man auf dem Umweg über ein Buch diese besondere und vertrauensvolle Beziehung herstellen, die zwischen dem Lernenden und jenem, der etwas von der Wahrheit weiß, entsteht? Nützlich und ernsthaft soll es sein, aber nicht langweilig oder besserwisserisch. Und wie soll man informieren und schützen, ohne den Leser zu sehr zu bevormunden?

Ich habe lange Zeit meditiert, gezögert, gestaltet, umgestaltet, gezweifelt, bevor ich dieses kleine Werk veröffentlicht habe. Ich wollte nicht noch eine weitere Abhandlung schreiben, es gibt davon schon Hunderte, und durchaus einige Bemerkenswerte. Ich wollte ein ernst zu nehmendes und zugleich schelmisches Buch anbieten, einen Ratgeber, aber auch ein Buch, mit dem Sie gut Freund werden können. Unsere Zeitgenossen, die von Bilderflut und von Lärm bestürmt werden, interessieren sich nur für schnelle Ergebnisse, sie brauchen Konkretes. Also schlage ich „Rezepte" vor, deren Wirkung fast augenblicklich, offensichtlich und zugleich in festen Grenzen eintritt.

Ich lade Sie ein, mir zu folgen, ich vergebe Schlüssel, öffne Türen, und ich lasse Sie einen kleinen Blick in die Ferne werfen. Ich vermittle nichts, was nicht sicher ausprobiert, für gut befunden und ohne Gefahr ist. Ich gebe Ihnen meine besten Tips. Aber die Reise müssen Sie schließlich alleine machen. Viel Glück im Land der Entspannung!

Henri Brunel

Die Entspannung –
eine grundlegende Annäherung

Die angespannten Personen verbrennen sich sozusagen selbst. Es ist verrückt, aber sie verschwenden ihre Lebensenergie, indem sie ihr Adenosintriphosphat (ATP) in die Glut werfen. So bereiten sie den Boden für psychosomatische Erkrankungen: Überspannung, Asthma, Magengeschwüre und Geschwüre des Zwölffingerdarms, Koliken, Hauterkrankungen, Herzmuskelstörungen, Migräne, Schlaflosigkeit etc. Wenn ich es so sagen darf: Sie riskieren, ihren Hals in die Schlinge von Neurosen zu stecken. Sie verlieren die Herrschaft über ihren Geisteszustand und haben ihren Körper nicht mehr vernünftig im Griff. Kurz: Sie führen ein absurdes Leben. Ich schlage eine Lösung vor: die Entspannung.

Vielen Dank für Ihren Rat, lieber Autor, Sie sind nicht der erste, der mir so etwas zuraunt. Aber glauben Sie, daß es so einfach ist? Ich bin als ein sehr beschäftigter Mensch in der Unternehmensberatung tätig, ich reise von einer Ecke des Landes in die andere und häufig auch ins Ausland. Ich bin ein wenig ängstlich. Was kann ich dafür? Zweifellos wäre ich gerne eine Art Phileas Fogg[1], und hätte unerschütterlich kaltes Blut,

---

[1] Hauptfigur in Jules Vernes Roman *Reise um die Welt in 80 Tagen*, S. W.

darüber hinaus würde ich gerne die Ausgeglichenheit des Dalai Lama besitzen, die innere Ruhe eines Trappisten-Mönches und die Zufriedenheit Gandhis, aber das sind Träume und Rauschvorstellungen. ...

– Ich bestehe darauf, versuchen Sie, sich zu *entspannen*!

– Ich habe mich mein ganzes Leben entspannt!

– *Man hat mir geraten, Sport zu treiben, ich habe sofort angefangen zu joggen, Squash und Tennis zu spielen. Im Winter finden Sie mich in den Bergen: Ski alpin, Monoski, Gleitschirm. Den Sommer verbringe ich am Meer mit einer ganzen Palette von verschiedenen Surfsportarten. Ermüdend!*

– *Ein Arzt hat mir empfohlen, spazieren zu gehen. Ich langweilte mich entsetzlich. Dann habe ich die Wassertherapie ausprobiert: Schwimmen, Algenbäder, Kuren, um wieder in Form zu kommen; in einem Jahr habe ich mich in einer Therme aufgehalten; ein Aufenthalt, der von der Krankenversicherung bezahlt wurde! Ich habe gegessen, um mich zu beruhigen und bin von Schokolade abhängig geworden. Ich habe in drei Monaten jene zwanzig Kilo zugenommen, die ich in zwei Monaten abnehmen sollte.*

– *Selbstverständlich habe ich angstlösende Therapien ausprobiert. Ich habe „pianissimo" begonnen, dann „allegro'": Ich schluckte jeden Morgen meine kleine Glückspille, und „fortissimo": Ich konnte nicht mehr ohne auskommen, denn ich war dermaßen lethargisch geworden, daß ich Aufputschmittel nehmen mußte, um richtig wach zu werden! Fazit: Es waren Hoffnungen, die nur von kurzer Dauer waren,*

*und die unweigerlich zu Mißerfolgen führten. Ich
habe aufgegeben. Ich werde mein ganzes Leben
Angst haben und gestreßt sein. Das ist so. Punktum.*

– Haben Sie schon über richtige Entspannungsmethoden nachgedacht?

– *Welche Methoden? Es gibt davon so viele wie
Abmagerungskuren! Sehen Sie! Ich hatte bis vor kur-
zem eine Freundin, die begeisterte Yogaanhängerin
war. Nett, aber verquer. Sie besaß eine ganze Biblio-
thek zu dem Thema: die Handbücher von Yesudian,
von Eva Ruchpaul, von Van Lysebeth, das Yoga als
Comic von J.-P. Roumanes, das Yoga für Sie von Ed.
Unter den Abhandlungen über Sophrologie*² *befanden sich das Autogene Training von Dr. Schulz, die
Progressive Muskelentspannung von Dr. Edmund Ja-
cobsen, die Methoden von Françoise Mézières, von
Louise Ehrenfelds, von Moshe Feldenkrais und von
Muriel Jaer. Bei Jaer habe ich mich einen Moment
aufgehalten. Sie tritt ein für eine Entspannung, die
durch die freien Bewegungen des japanischen Tanzes
herbeigeführt wird – warum nicht? Ich gebe Ihnen
die Eutonie von Gerda Alexander, die Eurythmie von
Rudolf Steiner, die Werke, die die Musiktherapie an-
preisen, die entspannenden Massagen, die leuch-
tende Sichtbarmachung etc. Wie soll man daraus etwas auswählen? An einem Tag, als ich guter Stimmung war, habe ich entschieden, mich mit dem*

---

² Medizinische Forschungsrichtung, die die Einwirkung von z. B. Suggestion, konzentrativer Selbstentspannung oder Yoga auf Körper und
Seele untersucht, S. W.

Jacobsonschen Entspannungstraining zu befassen.
Nach einer halben Stunde Lektüre hat es mir ge-
reicht. Es war fürchterlich lang und schwierig. Sich
zu entspannen wird so zum Beruf. Ich habe aufgege-
ben.

– Ich habe Mitleid, mein lieber Herr, meine liebe
Dame, mit Ihrem bissigen und einigermaßen verblüf-
fenden Bericht über Ihre Mißgeschicke. Nehmen Sie
mir diesen boshaften Ton nicht übel. Die Entspannung umfaßt den Humor, der die Sache weniger dra-
matisch macht, das Lächeln und die Freundschaft, die
Sie aufheitert, sowie die Achtung, die jedem seine
Würde läßt oder die sie ihm zurückgibt.

Trotzdem kann ich Ihre Verwirrung verstehen. Die
Handbücher über das Thema Entspannung sind in
den letzten Jahren wie Pilze aus dem Boden geschos-
sen. Aber selbst die seriösesten Abhandlungen über-
fordern manchmal die Leser, die neu auf diesem Gebiet sind. Häufig wird die Entspannung erst am Ende
des Weges ins Auge gefaßt, dann, wenn sie schon be-
herrscht wird, wenn sie eine vollkommen richtige
Haltung erzeugt, und wenn sie sich im exakten
Gleichgewicht zwischen Spannung und Loslassen befindet – ein Lebensideal. Aber am Anfang des Weges
ist man verloren, betäubt vom Gepolter der vorge-
schlagenen Methoden, abgeschreckt von den Schwierigkeiten anderer. Manchmal muß man einen Psychologen, einen Arzt, einen fachlich spezialisierten
Psychiater oder einen Yogalehrer um Rat fragen.

– Wenn Sie mich an „Spezialisten" verweisen, Ent-
schuldigung, aber dann frage ich mich, welchen Nutzen das Buch haben soll, das Sie uns vorstellen!?

– Meine Annäherung ist ursprünglich, ich sitze auf den Stufen des Tempels. Ich bin der *Pförtner* auf dem Weg zur Entspannung. Mit einem freundschaftlichen Lächeln empfange ich alle auf der Schwelle: die Zögernden, die Fremden, die Verirrten und die Ausgeschlossenen; ich fordere Auskunft von den sehr Beschäftigten, von den Überanstrengten, von den Gleichgültigen und sogar von den Widerspenstigen.

Ich wende mich an:
– Jene, die gerne ins Reich der Entspannung eintreten würden, die sich aber auf Grund ihres Alters, ihrer Armut, oder wegen eines körperlichen, kulturellen oder sozialen Nachteils nicht trauen ...
– Jene, denen man ansieht, daß sie eine empfindsame Seele haben, die das Leben bis aufs Äußerste verwundet hat, die schon durch ein Wort, eine Geste oder eine Lappalie gestreßt werden, und die sich nicht vorstellen könne, daß es für die Probleme ihrer Tragweite eine Lösung gibt ...
– Jene, die schon ein bißchen Yoga, ein wenig Eutonie versucht haben, die nach dem Zufallsprinzip ein bißchen von diesem und ein wenig von jenem ausprobierten, die sich aber für nichts wirklich entschieden haben – schon verloren, bevor es richtig angefangen hat.
– Jene, die versuchen, ihre Angstanfälle mit rasenden Aktivitäten auszugleichen, unglückliche Radfahrer, die keine Sekunde anhalten können, ohne Gefahr zu laufen, zusammenzubrechen.
– Jene, die wirklich keine Zeit haben. Ich denke an überlastete Mütter, die an einem Tag soviel bewälti-

gen wie andere an zweien, und die für sich selbst niemals eine Stunde Alleinsein, Ruhe und Frieden „stehlen" können.

– Jene, die sich in der Öffentlichkeit über diese „Entpannungsmethoden" lustig machen, die sie für absurd halten, – aber die sie abends heimlich ausüben.

– All jene, die ich vergesse …

– Ich wende mich an diejenigen, die chronische Angstzustände haben und an die gelegentlich Gestreßten …

– Allen, die in einem absurden Leben eingeschlossen sind, eingesperrt im täglichen Unglück, biete ich an:

Einfache, wirksame und gefahrlose Entspannungstechniken

Die besten Rezepte
aus Hunderten gewissenhaft ausgewählt

Mit dem Buch in der Hand stellt man sein Menu zusammen. Jeder bevorzugt die „Rezepte", die seiner Persönlichkeit am besten entsprechen, die mit der Farbe des Tages übereinstimmen, und die zu den Umständen passen. Natürlich *unterdrücken* diese Entspannungen nicht die Angst, aber sie schwächen sie ab, nehmen der Angst die Spitze, dämmen die Panik schon im Entstehen ein und erleichtern schwierige Augenblicke. Sie schaffen die Muße, wieder zu sich zu kommen, die Herrschaft über sich zu gewinnen und wieder in ruhigeres Fahrwasser zu gelangen. Dann können Sie mit gutem Gewissen Zuflucht zu komplexeren Techniken nehmen, die nicht immer gefahrlos sind.

Ich füge hinzu, daß ich diese ungefährlichen und doch spitzfindigen „Rezepte" nicht aus dem Hut gezaubert habe. Ich habe sie eines nach dem anderen ausgewählt und sie im Laufe der langen Zeit, in der ich praktiziert habe, ausprobiert. Sie brauchen kein Gegenmittel, denn sie sind köstlich und zugleich bekömmlich.

– Das alles ist zu schön, um wahr zu sein! Irgendwo ist eine Falle, es muß ein Preis dafür gezahlt werden!

17

„In cauda venum", sagt ein lateinischer Ausspruch. Ich scherze: „Das Gift kommt erst am Schluß" ... Ich scherze und muß doch gestehen, daß diese „Rezepte" nur unter drei Bedingungen wirken:

Ausprobieren

Man muß sie ausprobieren!
Sie können dieses Buch noch hundertmal lesen, schließlich werden sie sich zum Handeln entschließen müssen, sie müssen die „Rezepte" ausprobieren. Niemand anderes kann sich an Ihrer Stelle entspannen.

Durchhalten

Wenn Sie sich einmal entschieden haben, die Entspannung in Gang zu bringen, müssen Sie hartnäckig daran festhalten! Wieviel Zeit Sie dazu brauchen? Das hängt von dem „Grad" Ihrer Angst, von Ihrer Persönlichkeit und von der Art der Übung ab. Um Ihnen zu helfen und um Ihnen Anhaltspunkte zu liefern, kennzeichne ich im Verlauf des Buches die besonders schnellen Entspannungen, die „Eilzüge", und die langsamen Übungen, die „Schnecken", wie sie einer meiner Schüler einmal hübsch bezeichnet hat. Anhand des Zeichens ⎯⎯⎯ für die schnellen Übungen und des Schneckensymboles ◉ für die langsamen Übungen können Sie beide voneinander unterscheiden.

Sich selbst mögen

Schließlich müssen Sie sich selbst mögen, Sie müssen sich mit Wohlgefallen, Humor und Klarheit betrachten. Die rechte Liebe zu sich selbst gibt den *Anstoß* für die Entspannung.

– „Ihr habt euch angenähert wie Klatschmohn und Weizen", schreibt mit zartem musikalischem Empfinden der Dichter René Char. Die Dichtung erklärt die versteckte und schwierige Wahrheit oft besser als eine vernunftgeprägte Rede. Mögen Sie sich! Seien Sie in der Familie wie „Klatschmohn und Weizen" und lächeln Sie! Seien Sie nicht schwer, sondern leicht! Ich ergreife nicht für die Sorglosigkeit und die Leichtfertigkeit das Wort, aber für die richtige Einschätzung jener Hügel, die Sie für Berge halten, und jener kleinen Ärgernisse, die Sie als Tragödien bezeichnen.

Die Entspannung ist eine Strategie, die zum Glück führt. In einem Buch jedoch kann man nicht alles sagen. Ich biete Lösungen an, ich reiche Ihnen die Hand und teile mit Ihnen einen Augenblick der Freundschaft. Den Rest müssen Sie erledigen.

Das Glück liegt auf der Wiese. Lauf
schnell dahin, lauf schnell.
Wenn du es einfangen willst, lauf
schnell dorthin. Es wird entfliehen.
(Paul Fort)

19

Schnelle oder Langsame?

*„Wir werden zusammen einen
Weg der Freundschaft gehen"*

Die zweiundzwanzig folgenden Entspannungen werden in drei Kategorien eingeteilt: Lokale, Allgemeine und Geistige.

1. Lokale

Diese Entspannungen zielen auf ein bestimmtes Organ oder eine genau bestimmte (Muskel)kontraktion. Ein Beispiel: Die Entspannung der Zunge. Die Übungen sind unterteilt in „Schnelle" und „Variable". Die „Schnellen", symbolisiert durch ⇒ , können innerhalb kürzester Zeit erlernt werden. Sie entspannen in wenigen Minuten. Man kann sie dezent unterwegs, im Büro, eigentlich überall ausüben, denn man muß sich nicht in eine bestimmte Position begeben. Im allgemeinen ist ihre Wirkung aber begrenzt.

Die „Variablen", gekennzeichnet durch ∿, wirken bei jeder Person anders. Das beste Beispiel ist das „Palming" (die Entspannung der Augen), das einige im Nu erlernen, andere hingegen niemals ganz begreifen.

2. Allgemeine

Diese Entspannungen zielen auf den ganzen Körper. Zum Beispiel: „Aufrecht Stehen". Sie werden unterteilt in „Schnelle", „Variable" und „Langsame". An die „Langsamen", symbolisiert durch die Schnecke ◉, muß man sich über einen gewissen Zeitraum hinweg gewöhnen. Um sie auszuüben, benötigt man eine Oase der Ruhe. Im günstigsten Fall werden durch sie neue Bewußtseinsebenen eröffnet.

3. Geistige

Diese Entspannungen fördern die innere Haltung. Zum Beispiel: „Das Gebet" oder „In der Gegenwart leben". Sie werden unterteilt in „variable" und „langsame" Entspannungen.

Tafel für zweiundzwanzig Entspannungsübungen

Lokale		
Schnelle ___⟹	Variable ⌒⌒	Langsame ◉
Die Zunge Die Augen Die Schultern Die Augenbrauen Die Lippen	Das „Palming" Der Kloß in der Speiseröhre Die Ohren	

Allgemeine		
Schnelle ___⟹	Variable ⌒⌒	Langsame ◉
Das Lachen Der Spaziergang Das Atmen Im Auto Im Stehen	Entspannung der Bewegung Die fünf Sinne	Die große Entspannung

Geistige		
Schnelle ___⟹	Variable ⌒⌒	Langsame ◉
	Die heimliche Entspannung	Die Entspannung des „ja" Die Vorstellung vom Körper In der Gegenwart leben Den Geist reinigen Das Gebet

LOKALE
ENTSPANNUNGEN

Die Entspannung der Zunge

Frau C. ist eine unverbesserliche Plaudertasche. Sie hat auf alles die passende Antwort. Ich kenne sie gut, sie ist eine Schülerin aus meinem Yogakurs.

– Oh, ich bin ja so froh, daß ich Sie treffe! Seit heute morgen habe ich hier einen Knoten …

Sie zeigt verkrampft auf eine Stelle unterhalb des Brustbeins.

– *Stellen Sie sich vor: Meine Schwiegertochter hat mich hinausgeworfen! Ich würde mich in Dinge einmischen, die mich nichts angehen! Und all das, weil ich sie darauf aufmerksam gemacht habe, daß der kleine Julien ohne seinen Regenmantel zur Schule gegangen ist, obwohl dieses Kind zart ist. Diesen Winter hat er eine Bronchitis gehabt, er ist wie sein Vater …*

– Halt! sage ich entschieden.

Und ich füge lächelnd hinzu:

– Wenn Sie wollen, zeige ich Ihnen eine Übung, die Ihre Verspannung am Solarplexus auflöst!

– *Gerne*, seufzt sie dankbar, *aber ich habe kaum Zeit heute morgen: die Kurse, das Mittagessen und nachmittags dann das Treffen mit den Damen des Komitees, Sie kennen sie ja …*

Ich falle ihr ins Wort.

– Sie werden sich hier entspannen!

Frau C. sieht mich erstaunt an, ihre Hände umklammern verkrampft ihren Einkaufswagen. Nur wenige Kunden laufen zwischen den Regalen des Supermarktes hin und her.

– Vertrauen Sie mir?

Sie zögert einen Moment, dann willigt sie ein.

– Gut, ich werde Ihnen eine Entspannung für die Zunge zeigen ...

– *Für die Zunge? Aber es drückt mich doch auf den Magen, ich ersticke fast daran!*

Ich antworte nicht. Ich werde ihr hier nicht erklären, daß der Streß, über den sie sich beschwert und der sich im Bereich des Solarplexus offenbart, an anderer Stelle abgebaut werden kann. Bei der Entspannung werden alle Muskeln gelockert, und sie kann an einer beliebigen Stelle des Körpers einsetzen. Sie setzt sich dann in allen willkürlichen Muskeln (quergestreifte Skelettmuskulatur, S. W.) und in allen glatten Muskeln (unwillkürliche, vegetative Muskulatur, S. W.) fort, – genauso wie Kreise in einem Teich.

Die Zunge, die 27 sehr aktive Muskeln besitzt, bietet einen guten Angriffswinkel, vor allem, wenn man es mit einer Plaudertasche zu tun hat. Ich lächle Frau C. mit der ganzen Zuneigung an, die ich für meine Yogaschüler spontan empfinde, und ich fange an:

– Stellen Sie sich den Umfang Ihrer Mundhöhle vor, können Sie sie sehen? Enspannen Sie den Unterkiefer, die Zähne dürfen sich kaum berühren, erkunden Sie mit der Zunge den Bereich hinter den Schneidezähnen, den rauhen Gaumen direkt bei den Zähnen und das weiche Gaumensegel. Machen Sie sich bewußt, welchen Umfang Ihre Zunge hat, und wie sie im hinteren Rachenraum befestigt ist. Stellen Sie sich die ganze Masse von der Wurzel bis zur Spitze vor, senken Sie die Zunge, lassen Sie sie auf dem Boden des Mundes flach werden wie eine in den Sandboden des Wassers eingegrabene Seezunge. Fühlen Sie, wie Ihre Zunge weich wird, warm, träge, schwammig. Widerstehen Sie der Verlockung, sie zu bewegen, halten Sie sie mit Ausdauer gestreckt, ruhig, schlafend.[3]

Frau C. sieht mich dabei mit einem seltsam schimmernden Blick an, sie glaubt mir nicht. Aber sie wagt nicht, mir zu widersprechen und verabschiedet sich höflich von mir. Ich sehe Frau C. erst einige Tage später wieder. Als ich zum Yogakurs komme, wird sie von mehreren Damen umringt und redet weitschweifig daher. Als ich mich leise heranschleiche, höre ich, wie sie über die Entspannung der Zunge doziert!

– *Es ist außerordentlich, man kann es ohne sich auf einem Teppich ausstrecken zu müssen, während des Kurses, beim Arzt oder im Auto machen.*

Ich schleiche mich heimlich zurück und lache mir ins Fäustchen.

---

[3] Ein sehr deutliches physiologisches Zeichen – Speichel fließt in den Mund – kündigt den Beginn der Entspannung an.

„Eine" Augenentspannung

„Eine" und nicht „die", denn es gibt tatsächlich Dut-
zende von Augenentspannungen, die alle interessant
sind. Diejenige, die ich hier vorstelle, hat den Vorzug,
daß sie im Fall einer akuten Krise einfach und sehr
wirksam ist. Sie nimmt der Angst die Spitze und läßt
Zeit, zu anderen Mitteln zu greifen oder den Arzt zu
rufen. Das soll diese Anekdote bezeugen.

In jenem Sommer hatten sich meine beiden Töchter, ihre „Wochenend-Ehemänner"[4] und meine acht
Enkel in einem Landhaus eingerichtet, das nicht weit
von meinem Dorf entfernt liegt; eine ideale Lösung,
die jedem seinen persönlichen Lebensrhythmus ließ,
ohne daß wir auf Nähe und Zärtlichkeit verzichten
mußten. An einem Morgen im Juli fand ich meine älteste Tochter alleine im Garten. Sie sah blaß und ge-
schwächt aus, und sie atmetete in kleinen keuchen-
den Stößen. In der Hand hielt sie ihren Inhalator
(Dosier-Aerosol).

– Hast du einen Asthmaanfall?

– *Ja, schon die ganze Nacht über,* sagte sie unter
Schluckauf.

– Und das Aerosol?

---

[4] Meine beiden Schwiegersöhne besuchten ihre jeweiligen Familien
nur an den Wochenenden.

– *Ich glaube, daß ich davon zu viel genommen habe. Es geht mir schlecht, ich habe Angst, Papa!*

– Du wirst sofort das machen, was ich dir sage. Sofort! fügte ich ein wenig barsch hinzu.

– Siehst du in der Ferne die Wiese und den Hügel? Laß deine Augen über die Landschaft gleiten, versuche nichts zu benennen oder zu beurteilen, nimm mit Vertrauen wahr, lach ein bißchen über dich, lächle, wenn du dich wegtragen, baden läßt. Nein! Dreh dich nicht zu mir um! Entspanne deine Augen, schau, ohne zu sehen, ohne „wahrzunehmen", vergleiche nicht, analysiere nicht, schau, lächle ... Und wiederhole das noch drei- oder viermal.

Schließlich entspannte sich das Gesicht meiner Tochter, ich sah nicht mehr den kleinen verrückten Schimmer in ihren Augen tanzen.

– *Es geht mir besser, Papa*, seufzte sie.

– Jetzt ruh dich einen Moment aus. Wenn du willst, hole ich den Arzt.

Sie lächelte, ohne mir zu antworten, und wir gingen Arm in Arm ins Ferienhaus zurück, in dem das Leben langsam erwachte.

Um eine allgemeine Entspannung herbeizuführen und eine Panikattacke abzuwenden, habe ich mich in dieser kurzen Übung auf die Augen konzentriert. Dafür gibt es zwei Gründe. Meine älteste Tochter hat lebhafte und durchdringende schwarze Augen, die eine Stecknadel am anderen Ende des Parketts entdecken würden. Ein gesundes Organ, das richtig funktioniert, reagiert sehr schnell und sehr wirksam auf einen Entspannungsbefehl. Und: Die Augen spielen eine herausragende Rolle für unsere Sicherheit. Bevor die anderen vier Sinne reagieren, zeigen sie mögliche Gefahren an, sie sind die Wachposten unseres Organismus. Sie läuten am Beginn und am Ende des Alarms. Wir sind darauf konditioniert, ihnen zu gehorchen.

Eine blitzartige Entspannung erleichtert momentan, manchmal verhindert sie das Schlimmste, aber sie heilt nicht. Immerhin ist es für den Anfang nicht schlecht, wenn in unser Leben ein wenig Klugheit und ein Lächeln einzieht.

Die Entspannung der Schultern

– *Ein Herr möchte Sie sprechen!*

Ich sehe durch die halbgeöffnete Tür eine kleine Nase voller Sommersprossen und rote Locken. Es ist einer meiner Yogaschüler.

– Ich habe nur wenig Zeit, seufze ich, der Kurs fängt in fünf Minuten an.

Ich habe kaum ausgeredet, da ist der „Herr" schon eingetreten. Ein eleganter Vierzigjähriger streckt mir lächelnd und ungezwungen die Hand entgegen.

– Ja, sage ich, trete ein Stück zurück und stoße beinahe einen Haufen Bücher um.

Mein Büro innerhalb der Yoga-Räumlichkeiten ist gerade mal fünf Quadratmeter groß.

– *Sehr geehrter Herr, oder soll ich Sie Meister nennen?* sagt der Mann in einem affektierten Ton, der schon an Unverschämtheit grenzt, *ich würde meine Frau gerne zu Ihrem Yoga-Kurs anmelden; sie hat es nötig, die Ärmste!*

Die Sprache und Haltung dieses Mannes fordern mich heraus.

– Hören Sie zu, erwidere ich ein wenig trocken, ich hätte es bevorzugt, wenn sie persönlich gekommen wäre.

– *Oh, die Gute ist so schüchtern! Vor allem was die Nerven betrifft, aber schließlich wissen Sie das ja, bei den vielen Frauen, die Sie hier haben!*

– Stimmt genau, sage ich kühl, daß die Männer in der Minderzahl sind, aber einigen würde Yoga sehr gut tun, und wenn sie dabei auch nur lernen würden, sich zu entspannen.

– *Jedenfalls nicht ich!* Er lacht. *Ich bin immer entspannt.* Er lächelt mich an, alle seine Zähne entblößend, die Beine leicht gegrätscht, die Selbstsicherheit in Person.

– Ihre Schultern! bemerke ich.

– *Meine Schultern?*

– Ja, Sie ziehen Ihre Schultern hoch.

Auf der Stelle senken sich seine Schultern, fallen herab wie ein Kleidungsstück, das aus seinem Kleiderbügel gleitet.

– *Dessen war ich mir nicht bewußt!* gesteht er, plötzlich aus der Fassung gebracht.

Als der Herr weg ist, stelle ich belustigt fest, daß mich dieses Gespräch ein wenig erhitzt hat, und daß meine Schultern hochgezogen sind. Ich entspanne sie sehr schnell, indem ich mich über mich selbst lustig mache. Die Verspannung der Schultern kommt sehr häufig vor, sie taucht – wenn auch manchmal nur in leichter Form – praktisch in allen Streßsituationen auf. Wenn man auch auf gerunzelte Augenbrauen, auf einen festgestellten Kiefer oder auf geballte Fäuste achtet, wenn man auch die Speiseröhre und den Retrosternalraum (hinter dem Brustbein liegend, S. W.) im Auge behält, so vergißt man die zusammengezogenen Schultern doch leicht.

Wie entspannt man die Schultern?

Die „lokalen" Entspannungen, die entweder einen Muskel oder eine genau bestimmte Muskelgruppe betreffen, folgen alle ungefähr dem selben Schema. Es ist nützlich, sich dieses in Erinnerung zu rufen.

1. Markierung

Man macht den verspannten Muskel oder die verspannten Muskeln ausfindig. Man gibt ihnen einen Namen und versucht, sie sich bildlich vorzustellen. Für das Hochziehen der Schultern ist zum Beispiel an erster Stelle der Kappenmuskel (Musculus trapezius) verantwortlich. Dieser Muskel reicht von der Wirbelsäule (Bereich Hals-Rücken) bis zur Schulter. Aber sofern man kein Fachmann bzw. keine Frachfrau ist, ist es praktisch unmöglich, alle Muskeln, die durch die unterschiedlichen Kontraktionen der Schulter ins Spiel gebracht werden, zu benennen oder gar, sie sich vorzustellen. Da sind: der Deltamuskel (Musculus deltoideus), der große und der kleine Brustmuskel, der Hakenarmmuskel (Musculus coracobrachialis) etc. Die Markierung erfolgt also zoenästhetisch (durch ein körperliches Mißempfinden. S. W.), das heißt, man bemüht sich, die Muskelanspannung zu „fühlen". Um dies zu erreichen, zieht man die betroffenen Muskeln zusammen und lockert sie wieder. Man provoziert also wissentlich eine Anspannung und löst sie wieder. Dieser Vorgang wird wiederholt, aber mit schrittweise verminderter Intensität: Spannung, Entspannung, Spannung, Entspannung … so lange, bis man dank einer verfeinerten Wahrnehmung auch die kleinsten Veränderungen bemerkt.

2. Entspannung

Die Entspannung ist im Grunde nichts anderes als der Befehl, die Waffen niederzustrecken. Alarm vorüber! Ruhe! Wenn man den Muskel oder die Muskelgruppe auf diese Weise beeinflußt und sie so ja auch „markiert", ist die Wirkung ungeheuerlich. Wir schaffen die Spannung, und wir können sie aufheben. Es genügt, wenn wir es wollen.

3. Praktische Übung

Nehmen wir einmal an, daß wir Sie im Büro überraschen, auf der Straße oder mitten in einer erregten Diskussion mit Ihrer Ehefrau, Ihre Schultern sind auf lächerliche Weise hochgezogen und verkrampft. Sie haben nicht genug Zeit, um eine geordnete „Markierung" vorzunehmen. Aber Sie können folgendermaßen vorgehen:

Erste Reaktion: der Humor. Betrachten Sie sich klarsichtig und mit Sympathie, sagen Sie zum Beispiel: „Und nun, meine Schulter, was treibt dich, dich so zu verkrampfen, wohin willst du, willst du durch die Decke brechen?" Dann betonen Sie freiwillig das Anheben der Schultern, Sie „markieren" die Spannung am Ende des Rückens und auf beiden Seiten des Nackenansatzes. Sie entpannen.

Sie nehmen die Schultern nach hinten und markieren die Spannung zwischen den Schulterblättern in Richtung Wirbelsäule. Entspannen Sie. Führen Sie vorsichtig einige kreisende Bewegungen aus (rollen

Sie die Schultern von vorne nach hinten und umgekehrt). Entspannen Sie. Sie werden bald feststellen, daß Sie besser atmen, freier, Sie fühlen, wie der Streß abklingt, wie er sich auflöst, ein köstliches Streicheln wird Ihre Brust und Ihren Rücken streifen. Sie werden Ihre gelassene Stimmung wiederfinden.

– Was haben wir uns gerade gesagt, Liebling? werden sie Ihre Ehefrau höflich fragen.

– *Schurke, du wolltest mich gerade wie eine hysterische Göre behandeln!*

– Überhaupt nicht! Ich finde dich ausgelassen, zweifellos ein wenig lebhaft und spontan, aber nichtdestoweniger bewunderungswürdig.

Mit noch weit aufgerissenen Augen und zerzausten Haaren wird Ihnen Ihre Frau einen ungläubigen Blick zuwerfen:

– *Was ist dir denn passiert?*

– Nichts, Liebling, nichts!

Und Sie werden *in petto* hinzufügen: „Ich hatte gerade eine kleine Unterredung mit meinen Schultern."

Der Tanz der Augenbrauen

Die Ausdrucksfähigkeit, das wogende Spiel – das ist
der Tanz der Augenbrauen! Bewundern sie diese haa-
rigen Kommas, die sich am Stirnansatz befinden,
diese (sorgenvollen – das kommt von allein) Wächter
der Augenhöhlen. Man könnte sie für kleine, flinke
und zappelnde Schlangen halten. Ihr Kopf verbirgt
sich in der Nähe der Nase, ihr Schwanz streckt sich
wie eine Linie bis zu den Schläfen hin, er stellt sich
buschig und zottig zur Schau. Es gibt zerzauste, ver-
schämte und herabhängende Augenbrauenschwänze,
es gibt die Schlenkernden, die Gleichgültigen und die
Siegreichen mit Hahnenkamm, kampfeslustig und
mit Federbusch.

Aber wie auch immer ihr Kopf, ihr Schwanz oder ihre
Form aussehen mag, die Augenbrauen haben eine ge-
meinsame Aufgabe. Sie begleiten und unterstreichen
zwei besondere Gemütsbewegungen: das Erstaunen
und das angestrengte Nachdenken. Wenn Pierrot[5]
höchst erstaunt ist, hebt er seine Augenbrauen, und
auf seiner Stirn zeichnet sich ein Geflecht von quer-
verlaufenden Fältchen ab. Wenn er überlegt, wenn er

---

[5] Figur aus der frz. Pantomime, weißgekleidet und mit Mehl geweiß-
tem Gesicht.

sich konzentriert und wenn er Angst bekommt, runzelt er seine Augenbrauen, und zwischen ihnen graben sich vertikal verlaufende, tiefe Falten ein.

Den Psychologen und den Therapeuten alarmieren Augenbrauen, die immer gerunzelt sind, und die sich niemals aufhellen. Diese Kontraktion der Augenbrauen, die sehr häufig ist, bewirkt, daß das Gesicht altert, was zweifellos für viele eine Lappalie ist, aber sie zeigt auch Magengeschwüre und Geschwüre des Zwölffingerdarms an sowie schmerzhafte Krämpfe des Grimmdarms (Kolon). Und schließlich deutet diese Kontraktion auf einen allgemeinen Spannungszustand hin. Die Augenbrauen zu entspannen, sie zu entrunzeln, das bedeutet, sie dem Leben zurückzugeben, ihrem malerischen Tanz und ihrer Freiheit. – Und das heißt, den gesamten Organismus nach und nach auf den Weg der Gesundheit zu führen.

Wie entspannt man die Augenbrauen?

Die Theorie ist höchst einfach: Es reicht aus, die Augenbrauen zu spreizen, damit sie so in Ruhestellung ihren ursprünglichen Platz in einer vernünftigen Entfernung zur Nase wiederfinden. Die Praxis ist wesentlich schwieriger. Tatsächlich kann man nur die Muskelanspannungen lösen, die man vorher wahrgenommen hat. Man muß die Spannung „markieren", die die Annäherung der Augenbrauen verursacht, und dazu benötigt man Übung und Erfahrung. Die Spannung der Muskeln wird weder als schmerzhaft noch als angenehm empfunden, sie ist eine ungenaue und leichte Empfindung. Probieren sie das mit einem Finger aus, das ist einfacher. Wenn Sie die Hand flach auflegen und unmerklich den Zeigefinger heben, können Sie zwei Empfindungen unterscheiden, jene der Anstrengung, den Finger angehoben zu halten, und jene weiche, köstliche, flüchtige Empfindung, die sie wahrnehmen, während Sie den Finger heben. Ja, oder nein?

Wenn Ihnen das nicht oder nur schlecht gelingt, untersuchen Sie sich. Stellen Sie sich vor einen Spiegel. Nähern sie die Augenbrauen so weit wie möglich an, dann spreizen Sie sie. Wiederholen Sie es. Spielen Sie mit den Augenbrauen, versuchen Sie ein immer leichteres, feineres, kaum sichtbares oder zu erratendes Runzeln zu erreichen. Ich weiß, daß die Entspannung der Augenbrauen eine feine Beobachtung des Muskelspiels erfordert. Lassen sie sich nicht entmutigen: Das Können, das Sie sich aneignen, wird Ihnen bei allen Formen der Entspannung unendlich dienlich sein.

Zum Schluß eine Anekdote. 1996 schaute ich im Fernsehen das Tennis-Finale der Damen in Roland-Garros. Zwei Spielerinnen: Steffi Graf, Arantxa Sanchez. Steffi, für die ich eine gewisse Schwäche habe, was man entschuldigen möge, hatte die Augenbrauen gerunzelt. Eine tiefe vertikale Falte war in ihre Stirn eingegraben und verunstaltete sie. Sie war angespannt, konzentriert, ängstlich. Schließlich gewann sie das Match und lächelte plötzlich, ihr erstes Lächeln seit zwei Stunden. Die Falten zwischen den Augenbrauen waren auf einmal weggewischt, das Gesicht klar, strahlend, der Jugend und dem Leben zurückgegeben. Die Jugend ist geschmeidig, und die Augenbrauen auch. Aber Vorsicht! Wenn die Jugend vorüber ist, muß man sie sich wieder erarbeiten: mit dem glücklichen und freien Tanz der Augenbrauen und der wolkenlosen Stirn der Kindheit ...

Die Entspannung der Lippen

Kennen Sie etwas, das charmanter und köstlicher wäre als der kleine *Risorius* (Lachmuskel)? Mit seinem altmodischen Namen, der direkt aus dem Lateinischen stammt, und der genauso unverbraucht ist wie in seiner Jugendzeit, ist dieser kleine Muskel für die Verbindungsstelle zwischen den Lippen verantwortlich. Er hat auf jeder Seite wichtige und weniger wichtige „Spalten" eingebaut, und sein Fächer reicht bis zu den Mundwinkeln. Er offeriert das leichte Zittern, das feine Zucken, das winzige Kräuseln, das beginnende Lächeln. Ihr gesprächigen, stummen oder zärtlichen Münder, ihr kindlichen Münder, die zögern, ob sie weinen oder lachen sollen, – ihr seid Töchter des *Risorius!*

Risorius wechselt die Pferde am Ringmuskel (Musculus orbicularis). Letzterer ist der Gebieter über die Streckungen, die Verschließung und die Öffnungen. Er lenkt die Mundzüge der Verachtung, des Zweifels, des Ekels und der Langeweile, er ist der Urheber des Lächelns und des Lachens. Zusammengefaßt: Die beiden Cousins zaubern das schöne Wetter und den Regen auf unsere Lippen.

Die Schauspieler wissen darüber gut Bescheid. Mit unserem Mienenspiel wechseln wir die Seele. Jeder von uns wird im Laufe der Zeit seiner Maske immer

ähnlicher, das passiert dem Guten genauso wie dem
Bösen, und der Heilige ähnelt immer mehr seinem er-
leuchteten Gesicht und Dorian Gray seinem Porträt.
Indem wir spielen, daß wir zufrieden sind, werden wir
es. Betreten wir nun über die Entspannung der Lippen
das Land der Seelenruhe.

Übung in fünf Bewegungen

1. Das Lächeln

Sie zeichnen ein Lächeln, kaum ein Vibrieren in den
Mundwinkeln (Danke Risorius!). Sie markieren mit
Sorgfalt die leichte Muskelanspannung, dann enspan-
nen Sie.

2. Eine Fluntsch ziehen

Sie ziehen mit Ihren Lippen einen verdrießlichen
Mund: Es gibt berühmte verzogene Münder, zum Beispiel den von Brigitte Bardot in *„Und immer lockt
das Weib"* – erinnern Sie sich? Ein Mund, der Langeweile und Ekel ausdrückt, und der den Kuß doch ver-
spricht. Führen Sie es Ihrem persönlichen Talent entsprechend aus – jedem seine Fluntsch! Beobachten Sie
exakt das Muskelspiel (Referenz im Vorbeigehen an
Seine Königliche Hoheit, den Orbicularis). Entspannen Sie.

3. Verachtung

Ein Mund, der Verachtung ausdrückt, führt eine ei-
gentümliche Bewegung aus. Sie erreichen es, indem
Sie die Oberlippe strecken und gleichzeitig das Kinn

senken. Versuchen Sie es! Es gelingt Ihnen ohne Probleme? Ich weiß nicht, ob ich Ihnen wirklich gratulieren soll … Aber ich scherze nur. Merken Sie sich gewissenhaft die Spannungen. Entspannen Sie.

4. Der Ton „O"

Sie deuten den Ton „O" geräuschlos an. Sie bilden das, was man umgangsprachlich einen „Hühnerpopo" nennt. Sie markieren die Spannungen aufmerksam. Entspannen Sie.

5. Ruhestellung

Wenn Sie die ersten vier Übungen gemacht haben, halten Sie Ihre Lippen in Ruhestellung. Halten Sie sie parallel, ruhig, heiter, entgegenkommend; posieren Sie sie sanft und richtig. Die Zähne berühren sich nicht. Überprüfen Sie sich, wenn es Ihnen notwenig erscheint, im Spiegel.

Wiederholen Sie die Übungen mehrmals. Vermindern Sie nach und nach die Ausführlichkeit und die Intensität der Übungen, bis das Lächeln, die Fluntsch etc. von Ihren neugierigsten und hellsichtigsten Gesprächspartnern nicht mehr wahrgenommen wird. Kosten Sie die erstaunliche Ruhe aus, die durch diese Entspannung entsteht.

Der große Vorzug der „Entspannung der Lippen" ist, daß man zwei Fliegen mit einer Klappe schlägt. Zunächst stellt sich die muskuläre Entspannung ein, was ja die allgemeine Regel ist. Noch wichtiger aber ist die Entsprechung zwischen dem unendlichen Spiel unserer Lippen und unserer Gedanken, unserer Empfindungen und unserer Gefühle. *Wer seinen Mund entspannt, besänftigt sein Herz.* Aber diese Entspannung hat zwei weitere Tugenden. Die erste ist ihre außergewöhnliche Verschwiegenheit. Wenn Sie mehrere Male für sich versucht haben, mit der Übung vertraut zu werden, können Sie sie in der Öffentlichkeit benutzen, entweder im Familienkreis, im Büro oder im Laufe eines schwierigen Gesprächs. In ihrer reduzierten, nicht wahrnehmbaren Form ist sie gleichzeitig wirksam und diskret. Die zweite Tugend ist überraschend. Diese Entspannung erregt und verschönert den Mund. Wer schätzt schon die zurückgezogenen oder zusammengepreßten Lippen, die verkniffenen und kleinlichen Münder? Wer zieht ihnen nicht die ruhigen, vollen und entgegenkommenden Lippen vor und die Münder, die wie „blühende Blumen" aussehen?

Sie wissen, was im *Hohelied* steht:

„Einem Karmesinband gleich sind deine Lippen ...
Von Honigseim triefen deine Lippen, Braut ...
   (4, 3.11)
„Seine Lippen sind Lilien gleich,
triefend von flüssiger Myrrhe ...
So ist mein Geliebter, so ist mein Freund,
ihr Töchter Jerusalems" (5, 13.16)

Die Entspannung des „Palming"

Der Mediziner William H. Bates, ein berühmter amerikanischer Augenarzt, der zu Beginn dieses Jahrhunderts gelebt hat, ist der Erfinder dieser Entspannung. „Palming", das von dem englischen *to palm* (betasten, in der Hand verbergen, S. W.) stammt, bedeutet buchstäblich: „etwas in der hohlen Hand verschwinden lassen". Das „palming" bezeichnet eine genau Bewegung, die die Augen schützt und die sie hinter der flachen Hand zur Unbeweglichkeit bringt.

Wie führt man das aus?

Führen Sie die übereinandergelegten Hände auf die Mitte der Stirn, so daß die Handinnenflächen die Nase verbergen. Gleichzeitig sollen sie eine warme und schwarze Höhle formen, in der die Augen vollkommen geschützt sind. Die Daumen sind entlang der Linie der Schläfen ausgestreckt. Man muß herumtasten, bevor man die beste Position gefunden hat. Einige meiner Schüler, die etwas angeben wollten, haben sich dabei beinahe die Nase gebrochen!

    – Das ist ganz einfach, Herr B., sagten sie.

    Man höre bloß! In meinem Yogakurs für Schüler

haben einige Wildfänge die „Palming"-Bewegung niemals richtig ausgeführt.

Ob mein Leser ein aufmerksamer Jugendlicher oder ein lebenskluger Erwachsener ist, wird er doch gerne eine kleine Anstrengung auf sich nehmen, etwas zu lernen, was ihm – nach einiger Übung – das Leben retten kann: wohltuende und wirksame „Palmings". Er wird im Alltag außergewöhnliche Vorteile daraus ziehen, denn unsere Augen sind einer pausenlosen und heftigen Reizüberflutung ausgesetzt.

Das „Palming" funktioniert unter drei Bedingungen:

1. Entweder kann man das „Palming" am Tisch sitzend ausüben, die aufgestützten Ellenbogen geben dann einen guten Halt. Oder aber man stützt in liegender Position die Arme mit zwei Kissen ab.
2. Die Handinnenflächen formen eine Art Hohlmuschel. Kein Lichtstrahl dringt durch sie hindurch; die Augen können frei blinzeln.
3. Die Hände dürfen die Atmung nicht behindern. Sie muß frei und leicht bleiben.

Die Wirkung des „Palming"

Fürs erste bewirkt das „Palming" eine Muskelentspannung. Unsere Augen befinden sich in einer außergewöhnlichen Situation, denn sie sind vollkommen geschützt. Häufig passiert ihnen das zum allerersten Mal! Sie können ihren Wachposten verlassen, ihre Wachsamkeit vermindern, und sie entspannen sich sehr schnell. Zwei Minuten reichen aus, fünf

Minuten sind besser, Sie können die Übung auch bis auf eine Stunde ausdehnen, wenn Sie sich auf wirksame Weise befreien wollen von Stirnmigräne, Augenliederflattern, Schielen aus Müdigkeit („Doppeltsehen"), vorübergehendem Schwindel, der Ermüdung der Augen durch zu lange Bildschirmarbeit oder von Blendungen nach einem brutalen Lichtschock (Blitze, elektrischer Lichtbogen).

Das „Palming" verbessern

Diese erste Stufe des „Palming" war mehr oder weniger bekannt und wird instinktiv schon immer praktiziert. Dr. Bates hat die Übung systematisch crfaßt, was ihre Wirksamkeit erhöht hat. Aber seine besondere Entdeckung war, daß er zu der Muskelentspannung die geistige Entspannung hinzugezogen hat. In der Tat haben unsere Augen die ärgerliche Angewohnheit, sich niemals ganz auszuruhen, sogar wenn es nichts zu sehen gibt, sogar wenn sie geschlossen sind, und sogar während des Schlafs! Sie hängen so unmittelbar von unserem Geist ab, daß sie fortfahren, ihre geometrische und muskuläre Position abzuwandeln, je nach den Bildern, die unsere Gedanken, Wünsche und Träume begleiten. Wie soll man es anstellen, damit sich diese eifrigen und mutigen Diener wirklich ausruhen? Aufhören zu denken? Das kann niemand. Die Aktivität unseres Gehirn läßt niemals nach, und setzt sich sogar im Schlaf fort. An dieser Stelle greift die geniale Entdeckung von Bates ein: Wenn unsere Augen schon immer arbeiten müssen, dann soll dies unter so angenehmen und glücklichen Umständen stattfinden, daß diese Aktivität eine Form der Entspannung bedeutet. Dazu muß man eine beruhigende optische Atmosphäre schaffen. Das heißt, wir müssen unseren Augen geistige Bilder anbieten, die sie nicht dazu zwingen, zu analysieren oder zu suchen, die sie nicht reizen; es müssen liebenswürdige und vertraute Bilder sein. Wir können zum Beispiel hinter unseren geschlossenen Augenlidern eine Landschaft auftauchen lassen, die wir lieben, ein Schloß, ein Fluß, eine Kirche, eine kleine Sandbucht, das Meer an einem Sommerabend, ein Hügel ..., friedliche Bilder, die glückliche Momente ins Gedächtnis rufen. Unsere Augen, die unendlichen Chamäleons, nehmen mit Vertrauen wahr, lassen los und entspannen sich.

Wenn wir uns durch Zufall nicht freundschaftlich mit einer Landschaft, einem Schloß, einer Kirche verbunden fühlen, dann wählen wir eine Postkarte mit einem Bild, das uns gefällt. Betrachten wir es aufmerksam, und im Anschluß rufen wir es uns in Erinnerung.

Unsere Augen werden von gleißendem oder zu gegensätzlichem Licht angegriffen, provoziert von Reklamen, die sich um ihre Gesundheit genausowenig sorgen wie um eine Süßkirsche, konfrontiert mit qualitativ schlechten oder mikroskopisch kleinen gedruckten Texten, sie werden von diesem und jenem hin und her gezerrt, gehetzt und verwirrt.

Wenn Sie ihnen – mit Hilfe des „Palming" – einen Schutz in der warmen Höhle Ihrer Handflächen anbieten, die frische Quelle von friedlichen und geschätzten Bildern, dann sind sie wie Kinder, die in der

Menge verloren gegangen sind, und die plötzlich ihre Mutter wiederfinden und sich in ihre Arme werfen, endlich beruhigt, endlich in Sicherheit. Zwei Minuten „Palming" am Tag, das ist nichts, nur eine Pause des Lächelns, eine Oase der Zärtlichkeit, ein Schnippen des Glücks. Ein „Nichts" ist vorüber und hat alles verändert.

~~

Der Kloß in der Speiseröhre

Eine Streß-Erfahrung, die sehr häufig vorkommt und die sehr unangenehm ist, ist die Kehlkopfverengung. Es handelt sich um eine Art Propfen, der die Kehle verstopft; eine Kugel, die sich im Halsansatz festsetzt. Sie stört beim Sprechen und macht das Schlucken in manchen Fällen unmöglich. Daher kommt die ein wenig lächerliche Bezeichnung: „einen Kloß im Hals haben", mit der man diesen Verschluß bezeichnet hat. Einer meiner Schüler, der aus Bordeaux stammte, rief einmal mit dem lustigen Akzent und der natürlichen Poesie des Südwestens: „Das drückt mir die Gurgel zu!" Tatsächlich hat man das Gefühl zu ersticken, erwürgt zu werden. Die Yogis[6] legen auf diese Stelle das *Vishudda Chakra*, das aus einer Lotusblume aus sechzehn aschroten Blütenblättern besteht. Die Blume soll den Raum, die Sprache und das freie Davonfliegen symbolisieren. Der Verweis auf die Kultur und die Weisheit der Yogis sollte nicht unterbewertet werden. Das *Vishudda Chakra* ist ein Zentrum der Lebensenergie. Wenn sich der Stress einmal an dieser Stelle festgesetzt hat, ist er nur schwer wieder wegzubckommen. Man kann „den Kloß im Hals" nicht auf dieselbe Weise verschwinden lassen, wic

---

[6] Inder, die die Praxis des Yoga ausüben, S. W.

man die Schultern oder die Zunge entspannt, man muß hier auf die gesamte Palette der „schlauen Möglichkeiten" zurückgreifen, wie die Zen-Meister sagen, man muß in der Werkzeugkiste kramen, bevor man die zur Entspannung am besten passende Übung findet. Ich schlage drei Übungen unterschiedlichen Ursprungs vor: in gewisser Weise eine „Entspannung à la carte", in abgekürzter Form.

1. Der Schornstein

Fangen Sie an zu gähnen und stellen Sie sich dabei vor, daß Ihr hinterer Rachenraum so weit wird wie ein Schornstein. Wiederholen Sie das drei- oder viermal, damit erweitern Sie mechanisch Ihre Kehle. Versuchen Sie, hoch (Schlüsselbeinatmung) in den Raum hinein zu atmen, den Sie sich gerade erobert haben. Für jene, die es nicht wissen, erinnere ich daran, das es drei verschiedene Atmungstypen gibt: die Zwerchfellatmung (akostale Atmung), die veranlaßt, daß der Bauch sich hebt und senkt; die Rippenatmung (kostale Atmung), bei der sich die Rippen wie bei einem Akkordeon auseinander- und wieder zusammenziehen; und die Schlüsselbeinatmung, die uns hier am meisten interessiert, jene Atmung, die die Frauen während der letzten Monate der Schwangerschaft benützen, wenn andere Atmungsformen unangenehm werden. Atmen Sie bis in die Lungenspitzen hinein, indem sie den Brustkorb heben, fühlen Sie die Luft, die sich einen Weg schafft bis in die Luftröhre, bis zur Stimmritze, fühlen Sie, wie die Nase angenehm feucht wird. Vertiefen Sie nach und nach diese Atmungsform, erweitern Sie ihren Schornstein.

2. Der Wasserfall

Stellen Sie sich vor, daß Sie an einem Wasserfall sind. Es ist heiß, das Wasser ist kühl und weich, die schrägstehende Sonne wirft goldene Reflexe auf das Wasser, Sie fühlen sich wunderbar. Lassen Sie das Wasser über Ihr Gesicht laufen, baden Sie Ihre Stirn, die Augen und den Mund darin. Lassen Sie jetzt das funkelnde, spritzige und weiche Wasser in Ihren Rachen laufen. Waschen Sie sich rein von allen Dingen, die Sie unbesonnen oder in boshafter Weise gesagt haben, waschen Sie die Unreinheiten, die Hindernisse, die Ängste, die Gewissensbisse, die Enttäuschungen, die Sorgen und die Reue weg. Der Wasserfall reißt alles mit, nimmt alles mit sich fort, rauscht bis in den Boden hinein. Sie sind gereinigt, von Ihrer Enge befreit. Der Knoten in ihrem Schlund hat sich aufgelöst.

3. Die Zahlen

Zählen sie langsam bis zehn, und sprechen Sie die Laute deutlich aus: eins, zwei, drei, vier etc. Beobachten sie genau die Muskelanspannungen, die sich in Ihren Lippen, in Ihrer Zunge, in den Kinnbacken und im Schlund äußern, die sich bis in die Brust hinein ausdehnen, und die sogar noch das Zwerchfell berühren. Entspannen Sie die auf diese Weise markierten Muskeln. Wiederholen Sie das Zählen, aber vermindern Sie jedes Mal die Lautstärke bis hin zum Flüstern. Achten Sie bei jeder Wiederholung auf die Muskelanspannungen, die Sie hervorrufen, entspannen Sie. Zählen sie schließlich nur noch im Kopf, markieren Sie die immer schwächer werdenden Spannungen, entspannen Sie.

Hat sie dieses Gemisch von Übungen vielleicht verwirrt? Ich werde noch ein Rezept hinzufügen: Machen Sie sich eine Kompresse mit warmem Wasser (verbrennen Sie sich nicht!), legen Sie sie auf Ihren Schlund und lassen Sie sie dort einige Minuten liegen. Probieren Sie alles aus, wählen Sie, machen Sie sich mit der Übung vertraut. Das Wichtigste ist das, was Sie lebhaft empfinden. Die Entspannungsmethoden sind nur Werkzeuge, die zu Ihren Diensten stehen. Erheben Sie keine Methode zum Dogma, behalten Sie Ihre Freiheit, Ihren Humor und Ihr Lächeln. Vielleicht ist dies die wichtigste Lehre im ganzen Buch. Haben Sie Vertrauen zu sich selbst, übernehmen Sie Verantwortung für Ihre Gesundheit und für Ihren inneren Frieden. Lassen Sie nicht zu, daß Ihnen etwas „die Gurgel zudrückt", und machen Sie sich auf nette Weise über Ihre Lehrmeister lustig.

Entspannen Sie – die Ohren!

Als ich noch zur Schule ging, bewunderte ich den großen Fernand. Dieser zwölfjährige Kerl, rothaarig, mit schwieligen Bauernhänden, war gut einen Kopf größer als ich. In der Klasse trug er die Verantwortung für den Holzofen, eine Aufgabe, der er sich mit Stolz widmete. Obwohl wir beim Diktat den Kopf gesenkt halten mußten, warf ich manchmal einen Blick nach hinten, nämlich dann, wenn ich ein Klümpchen violette Tinte entdeckt hatte und meine Feder unter Zuhilfenahme des Löschpapiers säubern mußte. Dann erblickte ich das pferdeähnliche Gesicht von Fernand, das sich zu einem Lächeln verzog, er schielte ein wenig zum Spaß, und dann geschah das Wunder, auf das ich wartete: Er wackelte mit seinen Ohren! „Klipp-klapp, klipp-klapp ...", ein Ohr nach dem anderen, die beiden roten Näpfe zuckten, seine Baskenmütze wäre weggeflogen, wenn er sie aufgehabt hätte. Sie können sich vorstellen, daß ich abends vor dem Spiegel stand und Grimassen schnitt, um den großen Fernand nachzuahmen! Aber ich konnte Grimassen schneiden soviel ich wollte, die Haut der Wangen und der Stirn langziehen und die Kinnbacken hin und her bewegen, nichts geschah. Eines Tages überraschte mich Mama und fragte, welch eigenartiges Spiel ich trieb.

– Ich versuche, meine Ohren zu bewegen, gestand ich errötend.

Damals wurden brave Kinder noch häufig rot.

– *Geh*, sagte Mama, *kleine Jungen sind keine Hasen, und sie haben keine Kraft in den Ohrmuskeln!*

Ich wollte die Diskussion nicht noch schwieriger machen, indem ich den großen Fernand erwähnte, und schwieg ein wenig verbittert. Heute weiß ich, daß Mama recht hatte, bis auf einige bewundernswürdige Ausnahmen: Wir können auf unsere Ohren keinen direkten Einfluß nehmen, und um sie zu entspannen, müssen wir verschlungene Wege gehen.

Der Gehörsinn

Das Ohr ist das Organ des „Hörens", eines empfindsamen und wertvollen Sinnes, das mit der Entspannung und dem Streß in Beziehung steht, also mit der Kopf- und Rückseite ein und derselben Medaille. Ohrenbetäubender Lärm macht uns wahnsinnig, und das Murmeln einer Quelle besänftigt uns. Diese direkte Beziehung zwischen den Lauten und unserer geistigen Verfassung haben sich alle Religionen und Weisheiten zunutze gemacht (von den hinduistischen „Mantras" bis zu den gregorianischen Gesängen), ebenso die Entspannungstechniken. Heutzutage ist die Musiktherapie Gegenstand wissenschaftlicher Untersuchungen. Zum Beispiel die REPAM (Forschungsgruppe über die angstlösende Wirkung von Lauten und von der Musik), die zusammen mit dem Internationalen Zentrum für Musiktherapie entspannende

Musik kreiert. Mein Anliegen ist einerseits bescheidener, andrerseits aber auch ehrgeiziger: Wie soll man den täglichen Lärm der Großstadt aushalten und dabei noch „die Ohren entspannen"?

Übung

Stecken wir den Rahmen dieser Übung fest:

1. Lassen wir den außergewöhnlichen oder plötzlichen Lärm, der uns aus der Fassung bringt, aus dem Spiel, die stechenden, schrillen oder zu lauten Töne (über 120 Dezibel erreicht der Lärm eines Preßlufhammers) und die so gründliche Tonuntermalung, daß wir riskieren, unser Trommelfell zu verletzen und unsere Hörfähigkeit zu schwächen.
2. Aus dem Spiel gelassen werden sollen ebenfalls – wenn auch aus entgegengesetzten Gründen – die Töne, die auf natürliche Weise beruhigen: das Murmeln einer Quelle, das Singen der Vögel – und selbstverständlich entspannende Musik.

Welche Freiräume haben wir noch, wenn wir diese ganzen Geräusche, die 90 Prozent unseres Daseins begleiten, außer acht lassen? Stellen wir zunächst diesen Grundsatz auf: *Der „Wert" eines Tons liegt in der Aufgabe, die er für unser Hören ausübt.* Die Schädlichkeit oder im Gegenteil die Unschädlichkeit mehrerer Töne, die unser familiäres Umfeld ausmachen, hängen von der Art und Weise ab, wie wir sie erfassen und wie wir sie aufnehmen. Wir sind verantwortlich für das Glück oder für das Unglück unserer Ohren!

Dazu diese Anekdote:

Ich war damals Studiendirektor, und ich wohnte – „aus dringenden Dienstleistungsgründen", ich zitiere die bedrohlichen Begriffe des ministeriellen Rundschreibens – im Erdgeschoß eines Verwaltungsgebäudes, in dem sich das ganze nicht (mehr) unterrichtende Lehrpersonal versammelt hatte: der Studienrat, der Oberstudienrat, die Erziehungsberater etc. In der ersten Etage wohnten der Verwalter, seine Frau und ihre drei Kinder. Der Verwalter war ein netter Mann, zu dem ich gute Beziehungen unterhielt. Meine Frau und ich hörten über unseren Köpfen die wilden Sarabanden[7] der drei Heranwachsenden, ihre fröhlichen Schreie und manchmal auch das Dröhnen von Rockmusik.

– *Sind meine Kinder und ich vielleicht ein bißchen zu laut?* fragte mich einmal der Verwalter.

Ich sagte, daß uns das nicht stören würde. Was stimmte.

Zwei Jahre später zog dieser liebenswürdige Mann weg. Der Zufall bescherte mir einen neuen Verwalter, der mir auf Anhieb nicht gefiel. Er war häßlich, finster und ein wenig mürrisch, kurz: Ich mochte ihn nicht. Obwohl er allein mit seiner Frau über uns wohnte, machte er großen Lärm. Aber das war nicht alles. Die Toilettenspülung irritierte mich, der Ton seines Radios laugte mich aus und die klappernden Hausschuhe seiner Frau machten mich wütend. Ich wurde davon krank, weil ich mich andauernd gestreßt fühlte. Der Lärm, den er veranstaltete, machte

---

[7] Spanischer Tanz, S. W.

mich verrückt. Ich bewarb mich um eine andere Stelle und zog aus.

Wir sind ungerecht und dumm, was unsere Ohren betrifft! So individuell und eigenartig. Zum Beispiel läßt mich der Rap gleichgültig, der Jazz dreht mir die Eingeweide um, der Blues hat mich in meiner Jugend melancholisch gemacht, Mozart und seine Ausgelassenheit nervt mich, Bach besänftigt und versöhnt mich mit der ganzen Welt; wie ich Beethoven vertrage, hängt von meiner Tagesform ab, die konkrete Musik interessiert mich, aber die Oper langweilt mich, von der Callas werde ich ganz durcheinander, und ich höre ohne Ende Schwarzkopf die Lieder von Schubert singen – und Sie? Jeder von uns reagiert gemäß seinem Alter, seiner Kultur, seinen Gewohnheiten, seiner Geschichte und seiner Physiologie[8]. Die Geräusche und die Musik sind Chamäleons, die unsere Farben tragen. Sie sind nur so viel wert, wie sie zu unseren wechselnden Stimmungen passen, und sie färben sich je nach unserer Neigung „schwarz oder weiß". Sie haben *nur für uns* einen Wert. Mit diesen Feststellungen können wir unsere Beziehungen zu den Tönen besser verstehen und die folgende Übung leichter nachvollziehen.

Bewußtes Zuhören

Stellen Sie sich vor, daß Sie mitten auf einer belebten Straße sind: ununterbrochenes Motorengeräusch, das

---

[8] Wissenschaft von den Grundlagen des allgemeinen Lebensgeschehens, S. W.

Summen einer Oberleitung, das plötzliche Anfahren eines Mopeds, das Durcheinander menschlicher Stimmen und der Regen, der auf das Pflaster prasselt. Sie leben in dem Lärm, ohne ihn wirklich zu hören. Um sich zu entspannen, genügt es manchmal *zuzuhören*. Zu hören ohne zu analysieren, ohne auseinanderzunehmen oder zu beurteilen. „Das Gefühl", schreibt Dr. Vittoz[9], „reguliert und harmonisiert die Funktionen des Gehirns. Die Aufmerksamkeit, die man dem reinen Gefühl widmet, ermöglicht Ruhe und Entspannung; sie regeneriert die nervösen Zellen."

Annehmen

Sie haben zugestimmt, auf der ersten Stufe „alle wirkenden Substanzen im Gehirn miteinander zu verknüpfen", wie Patanjali sagte, der indische Weise, der im 4. Jahrhundert lebte. Jetzt kommt es darauf an, eine neue Stufe zu besteigen: *das Annehmen*. Versuchen wir, die Bedeutung dieses Wortes im Kontext der Entspannung zu entschlüsseln. Annehmen bedeutet hier, daß man die Realität *zuläßt*. *Was ist, ist*. Das kommt von selbst, es ist nichts. Jene geistige Haltung, die von selbst in uns entsteht, ist die der Illusion, der Maske, der Ablehnung, der Flucht und des Verweigerns. Wir hängen die Geräusche der Straße nicht kontinuierlich aneinander. Wir verweigern die

---

[9] Roger Vittoz (1863–1925), Spezialist für Streß. *Relaxation et Détente par la méthode de Vittoz*, Charles Grac de Salmieh, Paris, De Vecchi, 1995

Unpassenden, die Neuen und die Unangenehmen, wir flüchten in Gedanken und weisen jene zurück, die uns erstaunen oder nicht gefallen. Wir erschaffen uns ohne Pause eine Welt, die uns gefällt. Wir leben in der Illusion, in der Erregung oder in der Lüge. *Was ist, ist.* Das ist ganz einfach, und das ist ohne Ende so. „Man ist gefangen in dem, was man ablehnt, und man ist frei in dem, was man annimmmt", sagt die Weisheit der Yogis. Die zweite Stufe ist die Klarheit, die ruhige Ehrlichkeit. *Was ist, ist.* Das Offenbare anzunehmen ist ein Freiheitspfand oder einfach nützlich, wenn das Bedürfnis entsteht (zum Beispiel sich vor einem gefährlichen Lärm zu schützen). Das ist der Weg der Zufriedenheit.

Lieben

Noch einen Schritt weiter, den letzten. Diese Realität, die sie sich nicht ausgesucht haben, der Mißklang einer lärmenden Straße, Sie sind sich darüber bewußt geworden, Sie haben sie angenommen, jetzt müssen sie sie „lieben".

Dies ist die letzte Bedingung, die entscheidende, wenn Sie hier und jetzt in Frieden und Entspannung leben wollen. Wie soll man aber plötzlich eine lärmende Straße lieben? Wenn Sie ein weiser oder aber ein gläubiger Mensch sind, werden Sie in jeder Realitätsform die Offenbarung des Absoluten und den Willen Gottes sehen. Aber wenn Sie es nicht oder nicht genug sind, dann können sie nur ihr Herz entscheiden lassen, sich der Zärtlichkeit zuzuwenden. Es wird Ihnen besser gehorchen als Sie annehmen. Man kann zu jeder Tageszeit entscheiden, welchen Weg man einschlägt, den der Bitterkeit oder der Hoffnung, den der Verachtung oder der Nachsicht, den der Angst oder des Hasses oder der Liebe. Unglücklich oder schön dumm ist derjenige, der sich vom Verlangen aushöhlen läßt, der sich von der Verachtung oder dem Haß verzehren läßt, – er zerstört sich selbst.

Jetzt noch das I-Tüpfelchen auf diese Ohrenentspannung. Stellen Sie sich einen Augenblick lang vor, daß Sie unter einem freien Wasserfall sind, das Wasser ist lauwarm und plätschert fröhlich, waschen Sie Ihre Ohren sauber von allen Tönen, die Sie verletzt haben, und von allen Worten, die Sie verwundet haben. Liebkosen Sie die Ohrmuschel, das Trommelfell, die Innenohrschnecke und die Gehörknöchelchen, wenn Sie wollen. Achten Sie Ihre Ohren, lieben Sie sie.

Ich spüre, daß einige meiner Leser enttäuscht sind. Ich sehe welche, die ihren Kopf sanft hin und her wiegen und untereinander flüstern:

– Seht, der kleine Heilige, der uns irgendein einfaches und blitzartig wirkendes „Rezept" für die Entspannung der Ohren vorschlägt! *Bewußtes Zuhören, annehmen, lieben ...* Lauter kleine nette Vaterunser, aber wir hätten es lieber gehabt, wenn er uns einen konkreten Rat gegeben hätte, eine klare Anleitung wie bei der Zunge, dem Kloß in der Speiseröhre oder den Schultern.

Im Rahmen dieses freundschaftlichen Dialogs, dieses schelmischen und aufmerksamen Gesprächs, das ich hoffentlich mit meinen Lesern führe, ist mir eine

Sache besonders wichtig: Ich will niemandem schaden, *„Primum non nocere"*, sagt ein lateinisches Sprichwort. Zweitens geht es darum, nützlich zu sein, ohne zu bevormunden. Aber das ist bei der „Ohrenentspannung" – oder wenn Ihnen das lieber ist, dem „Gehörsinn" – gar nicht so einfach. Indem ich Ihnen meine Schwierigkeiten kurz erkläre, wird das Anliegen dieses Buches deutlicher.

Eine Entspannung der Ohrenmuskeln ist *variabel*, und die Suggestion oder die Autosuggestion kann in eine tiefe Entspannung hineingleiten, die nicht ungefährlich ist. Die tiefen Entspannungen sind nicht harmlos, und es ist besser, sie mit einem qualifizierten Begleiter auszuüben. Die tibetischen Mönche benutzen folgendes Bild: „Wenn Sie sich zu schnell in eine tiefe Entspannung versetzen, ist das so, als ob man Sie mit dem Helikopter auf den Gipfel des Himalaya geflogen hat, denn wenn Sie kein geübter Bergsteiger sind, werden Sie in Atemnot geraten und ersticken." Eine übermäßige Entspannung, die Sie in den Zustand der Hypotonie versetzt[10], muß geschickt wieder aufgehoben werden. Das oberste Ziel der Entspannung ist nicht die Entspannung selbst im Sinne einer Erschlaffung, sondern das Gleichgewicht zwischen Spannung und Entspannung, die richtige Haltung, nämlich die Harmonie zwischen Körper und Geist.

Ich schlage Ihnen hier nur wirksame und „leichte" Entspannungen vor, die einfach zu handhaben sind.

---

[10] Herabgesetzte Muskelspannung, S. W.

Es ist richtig, daß ich Wege öffne, um weiter zu gehen, aber ich binde sie bewußt in Anekdoten ein, den Oasen des Lächelns, ich flechte in den Gesprächsfaden Ruhezeiten, Zeiten, in denen Sie Atem schöpfen und durchatmen können. Ich will, daß Sie Ihre Freiheit behalten. Eine letzte Bemerkung, falls Sie nach diesem Buch den Wunsch verspüren, die „tiefe Entspannung" zu praktizieren, falls Sie sehr „gestreßt" sind oder einfach „besser" in Harmonie und Frieden „leben" wollen: Wenden sie sich an einen qualifizierten praktischen Arzt. Entscheiden Sie sich, wenn Sie können, nicht für den berühmtesten, den mit den besten Zeugnissen, aber für einen „Anständigen", wie es auch in dem Lied der köstlichen Enzo Enzo heißt: *Nur jemand Anständiges.*

ALLGEMEINE ENTSPANNUNGEN

Das Lachen

Die Bürde der Unruhigen und Angsterfüllten: Der
fortdauernde, chronische Streß steht am Anfang zahl
reicher funktioneller Störungen: Herzstörungen und
Verdauungsproblemen (Geschwüre des Magens, des
Zwölffingerdarms und des Grimmdarms), Schlaflosigkeit, Migräne, Emphysemen[11] etc.

Psychosomatische Leiden können durch Angst her-
vorgerufen werden. Ihre Eigentümlichkeit ist, daß sie
den Kranken in einen Kreislauf hineinführen, aus dem
er nicht mehr herauskommt. Ein Beispiel: Frau B. lei-
det unter einer Entzündung des Grimmdarms. Wenn
der zu Rate gezogene Arzt verständnisvoll, verantwor-
tungsbewußt und kompetent ist, behandelt er das
Symptom und beruhigt dadurch Frau B. Das Krank-
heitszeichen verschwindet. Pause. Dann ereignet sich
etwas, entweder ein Unfall, jemand stirbt, oder Frau
B. hat Sorgen, oder manchmal passiert auch fast gar
nichts. Frau B. erfindet, erschafft ein neues Symptom,
das dieses Mal das Herz betrifft und das genau wie das
vorhergehende undefinierbarer Herkunft ist. Nehmen
wir an, Frau B. besucht jetzt einen Arzt, der weniger
gebildet oder weniger erfahren ist, und der sich pein-

---

11 Luftansammlung im Gewebe, Aufblähung von Organen oder Körperteilen, S. W.

lich genau an die umfangreichen Untersuchungen hält: Auf diese Weise wird eine teuflische Maschinerie in Betrieb gesetzt. Die Untersuchungen schüren die Angst, die wiederum die Symptome verstärkt, was die Angst erhöht, die die Schwere der Symptome verschärft ... Ein tückischer Zirkel. Ein Alptraum. Ich habe jemanden gekannt, der chronisch Angst hatte, und der mit fünfzig Jahren bereits elf unnötige Operationen über sich hatte ergehen lassen. In den meisten Fällen aber wirken sich zum Glück schon die Untersuchungen beruhigend aus. Bis zum nächsten Mal.

Wie kann man diese angsterfüllten Menschen aus dem teuflischen Kreis der funktionellen Krankheiten herausholen? Es gibt die Psychoanalyse, die Psychotherapien, die Verhaltenstechniken, die Medikamente (angstlösende Medikamente, Antidepressiva), den Urschrei, die Entspannung, das Yoga etc. Jede dieser Methoden ist wertvoll, nützlich und manchmal wirksam. Ich schlage eine Methode vor, die einfach, natürlich und leicht zugänglich ist, und die man in Ruhe bei sich zu Hause oder in Gesellschaft anwenden kann. Sie ist aus psychologischen Gründen und aus neurophysiologischen Gründen bemerkenswert wirksam: das *Lachen*. Die Entspannung und die Heilung erfolgen durch das Lachen.

Lachen ist Gesundheit, das verkündeten bereits die alten Griechen und Römer. Die Menschheit weiß dies seit grauer Vorzeit. Bei den nordamerikanischen Indianern, den Sioux, den Apachen und Komantschen gab es „heilende Clowns", die die Aufgabe hatten, die anderen Mitglieder des Stammes in regelmäßig wiederkehrenden Abständen zum Lachen zu bringen, um böse Geister zu verscheuchen. Diese waren nämlich für die Krankheiten verantwortlich. Man begegnet entsprechenden Bräuchen bei den meisten der Urvölker. Und auch die Könige hatten ihren Possenreißer! Aber es geht nur um das unschuldige Lachen, das Lachen aus Freude, das komplizenhafte Lachen, das freundschaftliche, ansteckende, warmherzige, glückliche Lachen. Es handelt sich nicht um das höhnische Lachen, das sarkastische Lachen, oder das teuflische Lachen, das die Freude darüber ausdrückt, jemanden verletzt zu haben. Das echte Lachen, das frei und offen ist, dieses Lachen aus Freude befreit die körpereigenen Eiweißstoffe (Endorphine) im Gehirn, die unser natürliches Schmerzlinderungsmittel (Morphin) sind. Es stillt den Schmerz und lindert die Enzündungen. Das Lachen verlangsamt den Herzrhythmus, senkt den Blutdruck, regelt die Verdauung, fördert die Atemfunktionen und die Aktivität des Gehirns und erhöht die Zeugungsfähigkeit. Das Lachen befreit von der erstickenden Angst, es umzingelt sie und schließt sie durch seine Muskel- und Atembewegung ein. Das Lachen ist eine scharfe Waffe gegen den Streß, weil es bei den angsterfüllten Menschen das verlorene Gleichgewicht zwischen dem sympathischen [12] und dem parasympathischen [13] System wieder herstellt.

---

[12] Zum vegetativen Nervensystem gehörend, S. W.
[13] Der dem Sympathikus entgegengesetzt wirkende Teil des vegetativen Nervensystems, S. W.

Wann und wie soll man lachen?

Wann – das ist egal. All die vielen kleinen Ereignisse im Leben sind ein Anlaß, um sich entweder zu ärgern oder um zu lachen. Wählen Sie das Lachen. Damit Ihnen das gelingt, ist es unerläßlich, daß Sie für sich das Recht auf Glück und Freude in Anspruch nehmen. Überwinden Sie den sozialen Druck und das Diktat der Mode: Mythisieren Sie die Schwermütigen und die Traurigen nicht. Seien Sie nicht zu ehrfürchtig. Rufen Sie den gesunden Menschenverstand zu Hilfe, und betrachten Sie die alltäglichen „Unglücke" im richtigen Licht. Man kann es lernen, die komische Seite unserer Enttäuschungen, sogar unserer Niederlagen zu sehen. Man kann in sich einen spielerischen Humor pflegen. Man sollte mindestens sechs Minuten pro Tag laut auflachen und so lange lachen, bis einem die Tränen kommen (wenn man das kann). 1939 lachten die Franzosen im Durchschnitt noch neunzehn Minuten pro Tag, 1980 nur noch sechs Minuten, und seitdem ist es immer weniger geworden. Das stürmische Lachen, das die Muskeln und den Atem vibrieren läßt, ist angenehm und wohltuend, denn es löst die Spannungen auf und vertreibt die Wut. Das über den Tag verstreute Lachen ist der Schutzengel unserer Gesundheit.

Es gibt extreme Fälle, Menschen, die nicht mehr lachen „können". Ich erinnere mich an einen etwa fünfzigjährigen Herrn, der nur noch kurze, kläffende Töne ausstieß, gescheiterte Lachversuche, die völlig unwirksam waren. Viele Jahre über war er mit verschlossenem Gesicht herumgelaufen, mit einem falschen Bild seiner Würde im Kopf. Die Tendenz zum Selbstmitleid, die ihn sein persönliches „Unglück" schlimmer als bei anderen Menschen empfinden ließ, machte ihn unfähig, wirklich zu lachen. Um das zu beheben, bedurfte es außergewöhnlicher Mittel.

Wir erzählten nacheinander lustige Geschichten, die Herrn C. nicht mehr als ein gequältes Lächeln entlockten. Auch die Gesellschaft von lebenslustigen und fröhlichen Leuten mißfiel ihm. Ich versuchte nun, auf therapeutischem Weg das Lachen zu provozieren: Die Person legt ihre beiden Hände auf die Oberschenkel und beugt sich leicht nach vorne. Sie atmet zwei oder drei Sekunden lang ein, hält dann fünf bis zehn Sekunden lang den Atem an und atmet stoßweise laut aus. Das Lachen löst sich nach einigen Wiederholungen automatisch. Aber es gibt noch andere Methoden, die wir hier aufzählen wollen: die Gänsefeder, die die Innenflächen der Nasenflügel kitzelt, und andere Kitzeleien für Leute, die für diese Vorgehensweise empfänglich sind. In außergewöhnlich widerspenstigen Fällen hilft ein Atemzug Stickstoff, das Lachgas [14].

Alle, die unter chronischer Angst leiden, alle, die gelegentlich ängstlich sind, und alle, die sich schon vorab gestreßt fühlen: Lacht, lacht! Lachen Sie laut auf! Zehn- oder zwanzigmal am Tag, immer wenn Sie es können. Das hilft Ihnen, geistig zu gesunden, und die physische Gesundheit erhalten Sie noch dazu.

---

[14] Nur unter medizinischer Aufsicht zu benutzen.

Leseempfehlung: Dr. Henri Rubenstein, Die Psychosomatik des Lachens, Paris, Ed. Laffont, 1983. Es gibt Vereinigungen der „Jünger der Heiterkeit", der Freunde des Lachens. Hinzuweisen ist in der Region Paris auf die „Ateliers des Lachens und der Entspannung", ins Leben gerufen von einem Bio-Synergisten und Entspannungsspezialisten.

Der Spaziergang

Das Gehen ist bereits eine Form der Entspannung. Rhythmische Balance, tiefer und regelmäßiger Atem, ruhiges Schauen auf eine Landschaft oder auf das, was sich auf der Straße ereignet. Der Spaziergänger, der auf die Menschen und Dinge einen arglosen Blick wirft, entspannt die Augen und den Geist.

Die Yogis haben sich eine Entspannung ausgedacht, die dem Gehen angepaßt ist, die seine Wohltaten aber noch steigert. Der aus dem Sanskrit (Sprache der indischen Brahmanen) stammende Name dieser Entspannung heißt *Viloma Pranayma*, was ungefähr bedeutet: in Etappen atmen.

Die Methode ist einfach: auf zwei Schritte einatmen, auf zwei Schritte den Atem anhalten, auf zwei Schritte ausatmen, etc. Wie oft Sie diese unterbrochenen Atemzüge durchführen, bleibt Ihnen überlassen und richtet sich nach Ihren Fähigkeiten (im Durchschnitt wird vier bis sechsmal eingeatmet).

Wenn möglich, schließen Sie diesen Teil der Übung ab, indem Sie durch die Nase ausatmen.

Wiederholen Sie die Übung fünfmal.

Dann kommen wir zum zweiten, ergänzenden Teil: auf zwei Schritte einmal ausatmen, den Atem zwei Schritte lang anhalten, auf zwei Schritte ausatmen, auf zwei Schritte anhalten, auf zwei Schritte ausatmen, etc.

Einmal tief durch die Nase einatmen schließt die Serie ab.

Wiederholen Sie die Übung fünfmal.

Mit Unterbrechungen, das heißt, mit normaler Atmung, kann man *Viloma* während eines Spaziergangs so oft man will wiederholen. Die Übung soll angenehm und leicht bleiben, das ist – wie immer im Yoga – die goldene Regel.

Diese Übung hat hervorragende physiologische Auswirkungen:

„... sie normalisiert den Blutdruck, stimuliert den Nervus vagus [15] – was Speichel in den Mund fließen läßt –, läßt die Haut weniger stark transpirieren, verlangsamt den Puls, verbessert die Darmperistaltik und fördert die Sekretion der Verdauungsdrüsen" [16]. Kurz: Die Übung bringt das vegetative Nervensystem wieder ins Gleichgewicht, das nicht mehr richtig funktioniert, wenn man gestresst ist.

Ich bin in der glücklichen Lage, auf dem Land zu wohnen, und ich praktiziere häufig das *Viloma Pranayma*, wenn ich über die Hügel unseres Dorfes wandere. An einem warmen und klaren Juniabend gingen meine Frau und ich zusammen auf der geraden Straße, die durch das Tal führt. Es waren keine Geräu-

---

[15] Der Hauptvertreter des parasympathischen Nervensystems.
[16] André Van Lysebeth, *Pranayma*, Paris, Flammarion, 1971 (Erstausgabe).

sche zu hören, bis auf das Singen der Vögel, das ab und an vom rauhen und sehnsüchtigen Quaken einer Kröte unterbrochen wurde. Leise fing ich an, im *Viloma* zu atmen, meine Frau träumte neben mir vor sich hin. Plötzlich knackte in der Stille eine meiner Schultern, die sich entspannte: „Knack"!

– *Sieh*, sagte meine Frau überrascht und belustigt, *die Entspannung geht vorbei!*

Entspannung und Atem

Am Anfang aller zivilisierten Kulturen wurde der
Atem mit dem Leben in Beziehung gesetzt. Bei den
Germanen verknüpfte Wotan Atem und Leben, in
Skandinavien war es Odin, bei den Ägyptern stand
Thot dafür, und Hermes war bei den Griechen der
Gott des Windes ...

„... da bildete Gott der Herr den Menschen aus
Erde vom Ackerboden und hauchte ihm Lebensodem
in die Nase; so ward der Mensch ein lebendiges Wesen", sagt der Text der Genesis (2,7). Atmen, das heißt
leben, und unsere letzte Geste auf dieser Welt wird
das Ausatmen sein. Wenn ich dies schreibe, fällt mir
eine alte Freundin ein, die an jedem Abend um 22 Uhr
an ein Beatmungsgerät angeschlossen wurde. Die
ganze Nacht über hing ihr Leben an jeder Einatmung,
an jeder Ausatmung. Sechzehnmal pro Minute: Einsatz, Spiel, Gewinn.

Bei guter Gesundheit atmen wir, ohne darüber
nachzudenken. Das Atmen ist ein Reflex, ein auto-
matischer Vorgang. Dennoch können wir Sterblichen
als einzige im vielgestaltigen Tierreich dazu übergehen, den Atem manuell zu steuern. Wir genießen das
doppelte Privileg, unseren Atem kontrollieren zu
können und uns darüber bewußt zu sein. Diese
menschliche Eigenheit befähigt uns, über unser Le-

74

ben zu bestimmen. Sie hat seit Jahrtausenden dazu gedient, alle Formen der Selbstbeherrschung zu unterstützen, die sich noch nicht Entspannung nannten. Ich mache Sie mit einer modernen Entspannungsmethode bekannt, die auf dem Atem basiert, und die gleichzeitig einfach, wirksam und pfiffig ist. Eine hervorragende Technik, die keine besondere Position erfordert, die den Tageslauf nicht durcheinanderbringt, und die nur dann und wann ein wenig Aufmerksamkeit erfordert.

Machen Sie sich das Warten bei einem allgemeinen Arzt, einem Zahnarzt oder im Stau zunutze. Sie stehen Stoßstange an Stoßstange, aber anstatt sich aufzuregen, zu hupen oder die Umstände zu verfluchen, versuchen Sie, auf Ihren Atem zu achten. Holen Sie aus allen Windrichtungen ihre wie Sternschnuppen umherschweifenden Gedanken zurück, genauso ihre herumirrenden Gefühle. Beobachten Sie mit klarem Kopf, wohlwollend und freundschaftlich die Art und Weise, wie Sie atmen.

– Hallo, mein Atem, du sträubst dich, bis in die Magengrube zu kommen, du windest dich von einer Seite zur anderen, du schaffst es nicht, den Brustkorb zu heben! Wie federleicht und umtriebig du bist, du weißt ja, daß ich dich gern habe. Schau! Jetzt näherst du dich der Stimmritze, und du läßt mein Herz schneller schlagen. Ich mache dir keinen Vorwurf, ich schreibe dir nichts vor. Ich beobachte dich und lächle dir zu.

Und nach und nach – wie ein Kind, das sich geborgen fühlt und das weiß, daß es geliebt wird – findet ihr

Atem seinen natürlichen Rhythmus im Gleichgewicht zwischen Einatmung und Ausatmung. Manchmal verlängert er auch die Ausatmung, genauso wie es die Babys tun. Bald wird der Atem leicht und frisch in Ihnen fließen. Ihr Atem ist ein Lied.

Die Entspannung im Auto

In dem lärmenden Durcheinander von Lebewesen, die diesen Planeten bevölkern, ist der Mensch der *einzige*, bei dem die Elemente der Epigenese[17] keine Einschränkungen bedeuten.

– *Da haben wir ja einen schön gezierten Satz!* Ich fühle, was Sie denken. Im Handumdrehen habe ich mein Publikum verführt, eine ekstatische Menge wird mich aufs Treppchen hieven und meine Stirn mit jenem Lorbeerkranz verzieren, den man in Rom oder in Griechenland für die großen Männer, für die außergewöhnlichen Eroberer bereit hielt ... O weh, ich träume! Man wird meinen Kopf eher mit der spitzen Mütze des lächerlichen Pedanten schmücken! Ich füge mich schweren Herzens, allgemein verständlich zu sprechen. Noch einmal kurz, in sechs Worten, was ich oben in 25 Worten gesagt habe: Der Mensch ist ein *freies* Wesen. Nichts in seinen Genen legt ihn darauf fest, seine Gebärden auf unbestimmte Zeit identisch zu wiederholen, so wie es bei der Gartenspinne der Fall ist, die seit Jahrtausenden dasselbe Netz spinnt, fast genau jeden Faden; oder wie die Gras-

---

[17] Nach der Entwicklungstheorie von C. F. Wolff, 1759: Entwicklung eines jeden Organismus durch aufeinanderfolgende Neubildungen, S. W.

mücke, die bis ans Ende aller Zeiten ihr „tcher-r teuc-
teuc" oder – wenn sie sehr wütend ist – ihr „peeck-
djerk-rrr" singen wird.

Das menschliche Wesen ist frei

Frei, frei! Der alte Wechselgesang, das schöne Lied.
Und wie geht dieses privilegierte Wesen mit seiner
Freiheit um? Der *Homo vulgaris*, der gemeine
Mensch, springt er in der schönen Jahreszeit fröhlich
über Blumenwiesen, scherzt er mit seinen Begleitern
zwischen Thymian und anderen wilden Kräutern? O
weh! Sein abweichendes Verhalten läßt die Haare auf
den ehrenwerten Köpfen der ganzen akademischen
Gesellschaft zu Berge stehen! Ich wage es kaum zu sagen, aber der Unglückliche schließt sich in eine Art ei-
serne Schachtel ein, gurtet sich fest und läßt sich stun-
denlang darin herumschütteln. Manchmal hält ihn
einer seiner Artgenossen, der eine Kappe trägt, an, ver-
warnt ihn und erlegt ihm eine Strafe auf (Ach! „Wenn
ich diese Worte schreibe, will mir das Herz schier zer-
springen!", Villon, *Das große Testament*). Manchmal,
wenn er seinen Eigensinn überwindet, öffnet er die
Scheibe einen winzigen Spalt und atmet mit großen
und gierigen Zügen eine verdorbene und verschmutzte
Luft ein, die ihm die Lungen zugrunde richtet.
Angesichts dieser schrecklichen Tatsachen habe
ich es als meine Aufgabe angesehen, Hilfe und Erleichterung für eine bemitleidenswerte, unheilvolle
und bedrohte Gattung zu schaffen. Da dieses eigen-
tümliche Lebewesen einfach nicht davon abläßt, sich

einen großen Teil seines Lebens in diesen Eisenkäfig zu sperren, will ich ihm zwei oder drei Hilfsmittel zur Hand geben, um sein Leiden ein wenig zu verringern.

In seine Sprache übersetzt, könnten die Antworten auf die Frage „Wie enspannt man sich im Auto?" wie folgt heißen:

1. Eine bequeme Haltung einnehmen

Das menschliche Lebewesen sollte sich nicht auf den höchsten Punkt seines Hinterteils setzen, wie es sein Bruder, der Schimpanse tut, den er dummerweise nachzuahmen versucht. Unglücklicherweise fehlen ihm dazu die Kraft, die Geschmeidigkeit und die Anmut. Es sollte das Gewicht seines Körpers gleichmäßig auf seine beiden Pobacken verteilen. Ich rate entschieden davon ab, die Beine auszustrecken – eine verknöcherte Haltung. Die Arme sollten in einem Winkel von ungefähr 150° leicht gebeugt sein. Die geschlossenen Hände umfassen ruhig das Lenkrad und umklammern es nicht krampfhaft. Der Schlund, der Brustkorb und der Bauch dürfen nicht zusammengedrückt werden, damit die Atmung frei bleibt.

2. Das Fahren

Ein Lebewesen im Käfig ist nervös, das versteht sich von selbst. Wissenschaftler haben seine Pulsschläge gezählt, die von 70 in der Minute (normaler Puls) auf 120 bis 150 ansteigen, ja sogar auf 200 bei jeder roten Ampel und bei jedem Zwischenfall auf der Straße. Diese dauernden Aufregungen sind schlecht für sein inneres Gleichgewicht und für seine Gesundheit.

Um diese Unannehmlichkeiten zumindest ober-

flächlich aus dem Weg zu räumen und um die Erreg-
barkeit des Lebewesens ein wenig zu dämpfen, empfehle ich folgende Übung:

Beim Einatmen bis vier zählen, mit gefüllten Lungen bis vier zählen, beim Ausatmen bis vier zählen,
mit leeren Lungen bis vier zählen.

Das im Viererrhythmus gezählte *Pranayama* hat
den Vorteil, daß es laut gezählt wird („aktiv werden")
und gleichzeitig beruhigend wirkt. Außerdem besteht
nicht die Gefahr der Überversorgung des Blutes mit
Sauerstoff (Überoxydation). Folgen Sie dieser Übung
einige Minuten lang, dann ruhen Sie sich bei normaler Atmung aus. Jeder macht es so gut wie er kann.
Das ist selbstverständlich, aber es ist besser, es aus-
drücklich zu sagen, vor allem wenn man sich an ein
Lebewesen wendet, das sonderbar schwer von Begriff
und sehr, sehr unvernünftig ist.

3. Pause
Wenn der Unglückliche eine Gelegenheit zum Anhalten findet, seinen Käfig aber nicht verlassen kann,
sollte er seinen Nacken und seinen Rücken (Nacken-
muskeln und Musculus trapezius)[18] auf der Kopf-
stütze und anhand der Rückenlehne entspannen.
Wenn aber die Möglichkeit besteht, kurz auszustei-
gen, sollte er sich strecken, ein wenig herumhüpfen
und ein paar Schritte machen. Am besten wäre es,
wenn er sich neben seinem Käfig flach auf den Rükken legen und die Arme wie ein Kreuz ausstrecken

---

[18] Der Trapezmuskel reicht von der Wirbelsäule – Bereich Hals-Rük-
ken – bis zur Schulter, S. W.

würde. Aber o weh! Auf den Bürgersteigen einer großen Stadt ist diese Übung schwierig durchzuführen, denn seine Artgenossen – er gehört zu einer sehr wilden Gattung – würden ohne Mitleid auf ihn treten.

Was gibt es sonst noch zu sagen? Ich habe mein Bestes gegeben. Soll ich gestehen, daß ich mich diesem eigentümlichen Lebewesen verpflichtet fühle? Konrad Lorenz beurteilt ja auch alles nur noch mit den Augen seiner Gänse und Professor Rémy Chauvin liebkost seit vierzig Jahren seine Ameisen ... Dennoch flehe ich das Lebewesen an, auf seinen Eisenkasten zu verzichten! Es soll Rad oder Boot fahren, zu Fuß gehen, rennen oder surfen, wenn es sein muß, aber nicht das ...

– *Liebling, kommst du, wir warten nur noch auf dich!*

Entschuldigen Sie, ich muß Sie verlassen, meine Frau, meine Kinder und ich fahren gerade eben in die Ferien, in die Pyrenäen, 800 Kilometer müssen heruntergerissen werden ... im Auto!

Sich entspannen – im Stehen!

Es war einmal – es muß Anfang des Jahrhunderts gewesen sein – ein junges Mädchen, das arm, aber klug war. Es wartete auf den Bus. An diesem Abend regnete es. Ihr abgenutzter Mantel tropfte, ihre blonden Haare klebten an ihren Schläfen und ihre sanften grauen Augen sahen müde aus. Sie verkaufte in der Abteilung eines großen Warenhauses Seidenwaren, und sie war schon seit Tagesanbruch auf den Beinen. Die Ärmste war völlig erschöpft. Da kam ein alter Bettler, der sie um eine kleine Gabe bat. Sie streckte ihm ohne lange zu überlegen einige Münzen hin, das war alles, was in ihrer Geldbörse übrig war.

– Sie haben ein gutes Herz, sagte der Bettler, als Belohnung werde ich Ihnen ein Geheimnis verraten!

Er flüsterte ihr etwas ins Ohr, murmelte dann noch etwas vor sich hin und verschwand. Nach dieser Begegnung war das arme und kluge Mädchen nie mehr so müde. Und wenn es auf den Bus wartete, lächelten seine schönen grauen Augen. Es wurde mir zugetragen, daß ihr ein reicher und liebenswürdiger junger Mann an einem regnerischen Abend den Schutz seines Regenschirmes anbot. Sie verliebten sich ineinander und heirateten. Sie hatten viele Kinder und lebten lange glücklich zusammen …

Glauben Sie nicht an Märchen? Aber ich kenne das *Geheimnis*, es ist schon sehr alt, und es kann Ihnen zu Ihrem Glück verhelfen. Ein winziges Etwas entscheidet manchmal darüber, ob sich unser Schicksal zum Schlechten oder zum Guten neigt. Hier ist das Geheimnis: Man kann sich ausruhen, wenn man in der Schlange am Schalter der Sozialversicherung oder an der Kasse im Supermarkt steht, oder wenn man in der Métro keinen Sitzplatz gefunden hat, oder wenn man auf den Bus wartet und überall. Man kann sich ausruhen, weil man sich *im Stehen* entspannen kann!

Übung

Der Name dieser Übung heißt *Samasthiti* und stammt aus dem Sanskrit. Es bedeutet: Stehen in beliebiger Haltung.

1. Position

Die Füsse stehen parallel in einem Abstand von etwa 20 Zentimetern (etwas mehr oder etwas weniger, je nach ihrer Größe), und Sie halten sich gerade. Stellen Sie sich vor, daß Sie mit dem Kopf die Decke oder den Himmel berühren. Noch einmal: Halten Sie den Rükken gerade, und entspannen Sie die Schultern, lassen Sie die Arme schlaff an Ihrem Körper herunterhängen, und lockern Sie die Hände. Um zu überprüfen, ob die Hände wirklich entspannt sind, hebe ich gewöhnlich mit dem Zeigefinger die Hand eines meiner *Samashtiti*-Schüler vorsichtig hoch und lasse sie wieder fallen. Die Hand muß träge zur Hüfte hinsinken, ohne jede Anstrengung.

Dann finden Sie Ihr Gleichgewicht um das „Hara"
herum.

Dieses Wort stammt aus dem Japanischen, aber
seine Bedeutung ist in allen östlichen Philosophien
gleich. Das „Hara" wird als das Zentrum der Lebensenergie angesehen. Einfacher ausgedrückt: Es ent-
spricht unserem inneren Schwerpunkt. Es liegt im
Bauch, vier Fingerbreit unterhalb des Nabels. Werden
Sie sich über die Lage des „Hara" bewußt. Stellen Sie
sich vor, Sie wären eine Eiche, Kopf und Rumpf sind
die oberen Zweige und die Blätter, die Beine sind die
Wurzeln, und das „Hara" ist das Herz des Baumes,
sein Mittelpunkt. Das Bild kann nur eine Annäherung sein, aber es hilft Ihnen, Ihr Gleichgewicht zu
finden. Überprüfen Sie nochmals: Stehen Sie gerade?
Sind die Schultern gut entspannt? Ist der Kopf leicht?
Wird das Kinn parallel zum Boden angehoben? Kann
der Atem ungehindert in Brust und Bauch fließen?
Atmen sie regelmäßig, tief und ruhig, und widmen sie
dem Ein- und Ausatmen genügend Zeit.

2. Geistiger Aspekt
Ihre Haltung ist ausgeglichen, und Sie haben Vertrauen zu sich selbst. Sie fügen die Festigkeit und die
Verfügbarkeit hinzu. Um diese Empfindung zu ver-
stärken, wiederholen Sie im Geist:

Ich stehe
ohne Anstrengung aufrecht
Ich bin
ohne Hochmut aufgerichtet
wachsam ohne Furcht

empfänglich für alles ohne Gier
bereit ohne Zaghaftigkeit
standhaft und entspannt.[19]

Auf diese Weise lösen sich unangenehme Verspannungen, und Sie entspannen sich im Stehen. Denken Sie daran, wenn Sie gerade dabei sind, sich aufzuregen, wenn Sie gerade anfangen, sich z.B. über den Schlußverkauf zu ärgern. Organisieren Sie sich hartnäckig um das „Hara" herum. Sie können von der Menge herumgestoßen, auseinandergetrieben, fortgetragen werden, finden Sie mit Eigensinn eine möglichst wenig verkrampfte Haltung, und finden Sie Ihr Gleichgewicht: *Nur eine Haltung, aber die richtige Haltung,* das ist der alte Kehrreim der tausendjährigen Weisheit des Yoga. Wenn Sie eines Tages im Regen auf den Bus warten, denken Sie an das junge Mädchen mit den grauen Augen. In den Märchen stecken Wahrheiten. Das Glück liegt nicht nur auf der Wiese, sondern auch auf der Straße, im Büro, überall um uns herum. Man braucht fast nichts, um es zu pflücken und zu bewahren: ein offenes Herz, eine friedfertige Seele und einen entspannten Körper.

---

[19] Aus: Bernard Bouanchaud und René Racapé, Erste Schritte im Yoga, Paris 1977.

∿ Die Entspannung der Bewegung

Ich war unschlüssig, wie ich dieses Kapitel nennen sollte, und über die Entscheidung für die Überschrift „Entspannung der Bewegung" kann man streiten. Aber wie soll man eine Entspannung näher bezeichnen, die die körperliche Aktivität nicht unterbricht, die sie nicht bremst, sondern die sie im Gegenteil erleichtert und optimal gestaltet? Einige Autoren nennen sie: „aktive Entspannung". Aber dieser Ausdruck ist zweideutig und stellt einen Widerspruch in sich dar: Entspannung und Aktivität. Kurz: Weil diese Entspannung unsere Bewegungen begleitet, sie in Gang hält und verwandelt, habe ich mich für „Entspannung der Bewegung" entschieden.

Ein Sprichwort sagt, daß ein Beispiel mehr wert ist als eine lange Erklärung, und ein Spritzer Humor macht schwer verständliche Themen annehmbarer. Versuchen wir also das eine und das andere. Stellen wir uns vor, daß Sie in diesem Moment Ihr Sektglas heben und sich innerlich darauf vorbereiten, eine Rede aus dem Stegreif zu halten ... Stop! Halten Sie mitten in der Bewegung inne und werfen Sie einen freundschaftlichen und zugleich kritischen Blick auf sich selbst! Warum ziehen Sie Ihren kurzen und langen Hohlhandmuskel (Musculus palmaris brevis et longus), Ihren runden

Einwärtsdreher der Hand (Musculus pronator) und Ihren zweiköpfigen Armmuskel (Musculus biceps) mit so viel Energie zusammen? Sie heben ein Sektglas hoch und keine Hanteln! Finden Sie diese unverhältnismäßige Anstrengung nicht komisch, oder sagen wir ruhig: ein bißchen dumm? Eine solche Mobilmachung der Muskeln für die 120 Gramm Ihres Sektglases? Aber es ist noch schlimmer, untersuchen Sie sich einmal ein bißchen genauer. Bemerken Sie den festgestellten Kiefer, die gerunzelten Augenbrauen und die vertikale Falte auf Ihrer Stirn? Ich wette, daß Sie Ihr Zwerchfell (Diaphragma) anspannen, Ihren stärksten Muskel, der am meisten Adenosin-Tri-Phosphat (ATP) verbraucht. Welche Verschwendung! Würde ich unter den Tisch gucken, könnte ich beobachten, wie Sie den Großzehenstrecker (Musculus extensor hallucis, S. W.) krampfhaft einziehen. Und wenn ich indiskret wäre, würde ich Sie fragen, in welchem Zustand sich Ihr Afterschließmuskel (Musculus ani) befindet? Entspannt? Wirklich?

Ich glaube Ihnen nicht. Tatsache ist, daß die meisten von uns ungeheure Mengen von Muskelenergie verschwenden. Wir verwalten unser Energiepotential schlecht, und anschließend beschweren wir uns, daß wir müde sind! Diese blinde und ungeordnete Mobilmachung macht uns weniger leistungsfähig und bringt unseren ganzen Bewegungsablauf durch unvermutete Störenfriede durcheinander.

Im August 1995 wohnte ich zufällig der außergewöhnlichen sportlichen Leistung des schottischen Spitzenathleten Jonathan Edwards bei. Ich bin kein

Fachmann im Dreisprung, und ich war nur ein unerfahrener und einfacher Zuschauer. Dennoch, als ich sah, wie J. Edwards über die Distanz von 40 Metern anlief, die dem Absprungsbalken vorausgehen, faszinierte mich die außergewöhnliche Anmut seines Trittes und die Genauigkeit und die Sparsamkeit seiner Bewegungen. Am Absprungsbalken stieß er sich mit einem Fuß ab, der andere berührte nur leicht den Sand der Sprunggrube, bei der Landung schleuderte er den Körper nach vorn und streckte die Arme aus – ein perfekter Sprung. An diesem Tag überschritt J. Edwards zum ersten Mal die mythische Barriere des Dreisprungs: die 18 Meter. Er sprang genau 18,16 Meter weit. Zehn Minuten später wiederholte er den Versuch. Ich hatte denselben Eindruck von Geschmeidigkeit und Kraft, ein ideales Beispiel für Entspannung, kombiniert mit einem Maximum an Energie.

– „18 Meter und 29", meldete der Kommentator des sportlichen Ereignisses völlig entzückt. „Der Weltrekord ist zum zweiten Mal gebrochen worden!"

Und er fügte etwas leiser diesen Gedanken hinzu, der mich so tief beeindruckte:

– „Wie leicht das aussieht, wenn ein Champion springt!"

Die Spitzentänzer, die Athleten und alle anderen großen Sportler verbinden vollendetes Können mit augenscheinlicher Leichtigkeit. Dieses Wunder der vollkommenen Bewegung, die gleichzeitig konzentriert und entspannt ist, hat drei wesentliche Gründe:

– das richtige Gleichgewicht zwischen der geforderten Anstrengung und der Aktivierung der Muskeln;

– das Verschwinden, ja das Auslöschen aller überflüssigen und unnötigen Spannungen;

– und schließlich eine innere Einstellung, über die
ich noch nicht genug gesprochen habe, eine geistige
Haltung des Loslassens, des Nicht-Wettkämpfens, ich
würde fast sagen (wenn dieses Wort nicht zur Verwirrung führen würde) der Sorglosigkeit, der „Noncha-
lance".

– „Führen Sie Ihre ‚Asanas' (Körperhaltungen beim
Yoga) mit einem Maximum an Wachsamkeit und an
Präzision aus", sagte mein Joga-Lehrer, „so als ob Ihr
Leben selbst davon abhinge, und sorgen Sie sich nicht
um das Ergebnis".

Diese Form der geistigen Entspannung führt die
Entspannung unserer Bewegungen zur höchsten Perfektion.

An Stelle einer Schlußfolgerung oder eines Nach-
worts soll die Erklärung Jonathan Edwards stehen, die
er im Laufe eines Interviews gegeben hat: „Ja, ich
habe mein ganzes Herzblut und meine ganzen Kräfte
in die Vorbereitung dieser Weltmeisterschaft ge-
steckt, aber dies ist nur Sport, und das Wichtigste in
meinem Leben ist mein Glaube an Gott. Ich bin ein
christlicher Methodist", fügte er noch genauer hinzu.

Und während ich diesem jungen Sportler zuhörte,
sann ich darüber nach, wie er auf unbekannten Wegen
an eine jahrtausendealte Weisheit angeknüpft hatte.
Sie deutet an, daß die höchste Perfektion der Bewegung – wie man sie auch in den antiken Kriegskün-
sten wiederfindet – nur durch das Loslassen erreicht
wird. Und loslassen kann nur, wer weit über den klei-

nen Augenblick der Freude und des Stolzes hinaus-
blickt. Das ist menschliche Vollkommenheit.

– „Sei klug, oh Rhegava, lebe das Leben wie ein
Spiel, oh Rhegava, sei nach außen hin feurig, aber *ver-
brenne nicht* innendrin", so heißt es in der Bhagavad-
Gita.

~~

Die Entspannung der fünf Sinne

*„Die Malkunst von Cézanne bringt
Frieden, weil sie objektiv ist"*
Rilke

Das Auge hört, das Ohr sieht, die Zunge riecht, die
Nase tastet und die Hand schmeckt. Diese „systema-
tische Unordnung aller Sinne", für die Rimbaud ein-
trat, eröffnet die Wege der Dichtkunst ... Ich weiß
nicht, ob das stimmt. Aber wenn wir unsere Sinne
verwechseln, irreführen und verblüffen, führen wir
sie abseits der ausgetretenen Pfade. Gefangen in unseren Gewohnheiten, stehen wir nämlich ein wenig abseits vom Leben. Die „Entspannung der fünf Sinne"
besteht darin, das Dornröschen, das in uns schlum-
mert, zu erwecken.

Häufig leben wir wie Zombies:

– Wo habe ich meine Brille hingelegt, und wo ist
mein Stift? Wo sind meine Schlüssel geblieben? Ich
bin sicher, daß ich hier war, oder sagen wir, ich glaube
es. Vielleicht habe ich meine Hand auf den Tisch ge-
legt, am Lack des Holzes gerochen, meine Katze ge-
streichelt, eine weiße Sonne hinter den Wolken wahrgenommen, die Kirchturmuhr ein Viertel schlagen
hören ... aber ich habe nicht wirklich *gesehen, gehört, gefühlt*. Ich war nicht wirklich gegenwärtig. Ich
bin wie ein Strohhalm, der vom Lauf der Ereignisse

fortgerissen wird. Meine großen und kleinen Gefühls-
bewegungen verschwinden in meinem vernebelten
Leben. Ich verneine die Existenz von Menschen, Ereignissen und Dingen, und wenn man die Geschichte
umdreht, existiere ich auch nicht mehr.

– Oh, mein Auge, höre! Dieser Baum, der vor dir
steht, ist nicht nur ein Ausdruck deiner Empfindung
oder ein Ereignis in deinen Träumen – schau ihn an!
Das ist eine Birke, eine erwachsene Birke: Die
schwarzen aufgerissenen Flecken gewinnen schon die
Oberhand über das reine Silber der Jugend. Schau ihre
kleinen, leichten und beweglichen Blätter am Ende
des herabhängenden Astwerks. Eine *Birke*! Du weißt,
das ist dieser Baum, der den süß schmeckenden Arz-
neitrank liefert, und dieses Holz, das im Kamin in
gleichmäßigen und klaren Flammen brennt. Be-
trachte sie, es ist eine echte Birke! Punkt.

Mein Leser, der von dieser Einleitung vielleicht etwas aus der Fassung gebracht worden ist, wird sich
fragen, wohin ich ihn führe. „Ich denke, wir würden
über Entspannung sprechen!" Nun, wir sind dabei, ge-
schätzter Leser, wir befinden uns mitten darin! Sehen, auf diese Weise mit seinem Auge „hören", weckt
uns auf. Wenn wir unsere Sinne beständig nutzen,
können wir uns über diesen Nebel erheben, über dieses Leben eines Somnambulen. Wir hören auf, ständig
alles zu verwechseln, uns zu langweilen und uns unaufhörlich mit Ereignissen, Leuten und Dingen zu
„identifizieren". Wir gewinnen unsere Freiheit wieder und das Bewußtsein unserer Existenz. In uns wird
dieses kleine Licht erscheinen, das in allen großen
Weisheitslehren und von den Psychologen der „neu-

trale Zeuge" genannt wird. Wir sind nicht länger das Spielzeug unserer Empfindungen oder Gefangene unserer Vorurteile, und unsere Einbildungen spielen nicht mehr mit uns. Wir werden wieder „loslassen" können, und wir werden unseren inneren Frieden finden.

Ein Beispiel wird Licht in diese Angelegenheit bringen. In diesem Jahr verbrachten meine Familie und ich unsere Sommerferien am Meer. Außer meinen beiden Töchtern, die damals sechzehn und fünfzehn Jahre alt waren, hatten wir noch die siebzehnjährige Corinna mitgenommmen, ein ängstliches und sehr nervöses Mädchen, das uns ihre Eltern anvertraut hatten. Das Haus, das wir gemietet hatten, war sehr alt, und es knackte an allen Ecken und Enden. Aber wir hatten einen freien Blick auf das zauberhafte und wilde Meer der Bretagne. In einer Nacht stürmte es. Durch ein lautes Krachen wurden wir alle geweckt. Wir gingen in den Salon hinunter. Auf das Gewitter folgte ein starker Wind, der die Fensterläden schlagen ließ. Unser Gast Corinna war weiß vor Angst. Sie begann zu zittern, und wir wußten nicht, wie wir sie beruhigen sollten. Ich sah sie vor mir und war nicht dazu in der Lage, die sich anbahnende Panikattacke zu unterbinden. Ihr Mund stand offen, und sie war kurz davor, loszuheulen; sie wiederholte immer schneller: „Oh, dieser Wind, dieser Wind!" Ich erinnere mich daran, daß Katharina, meine fünfzehnjährige Tochter, ganz ruhig sagte: *„Nun ja, der Wind, es ist der Wind!"* Dieser Satz beruhigte Corinna mit einemmal. Ich beobachtete, wie sie wieder Farbe bekam und gelassener wurde. Ein wenig später lachte sie sogar gemeinsam mit uns, und wir gingen wieder hoch, um zu schlafen.

„Der Wind, es ist der Wind." Dieser Satz mit seiner banalen Augenscheinlichkeit hatte Corinna unvermittelt mit der Realität konfrontiert und sie von ihren Wahnvorstellungen befreit. Diese einfachen Worte hatten ihr geholfen, sich von ihrer „Identifikation" zu lösen, und ihr die Freiheit und den inneren Frieden wiedergegeben. Sie war sich selbst zurückgegeben worden. Das ganze Unglück der Menschen, so sagte Heraklit, kommt daher, daß sie nicht in *„der Welt"* leben, sondern in *„ihrer* Welt".

Anhang

Die „Entspannung der fünf Sinne" hat mir schweren Tadel, Vorwürfe und Kränkungen aller Art eingebracht. Man hat mir vorgeworfen, mich mißverständlich und rätselhaft auszudrücken. Meine dreizehnjährige Enkelin hat mir sogar erklärt: „Das alles ist nichts wert!" Anstelle einer kläglichen Rechtfertigung steht daher dieser Anhang.

Ich gebe zu, daß ich aus mehr oder weniger anerkennenswerten Gründen schreibe: die Schönheit der Worte, das Vergnügen an einer kleinen Musik, die Lust auf ein Spiel oder der Sinn für Humor, der Wunsch, willkommene und neue schriftstellerische Gegenstände zu schaffen, die Lust, von einigen „happy few" Applaus gespendet zu bekommen, das Bedürfnis zu verführen und der tief verwurzelte Wunsch, *geliebt* zu werden. Indessen, all dies führt zu meinem wirklichen Ziel: Ich will nützlich sein, und ich will einen Dienst erweisen. Aus einer persönlichen Vorliebe heraus bevorzuge ich das Nicht-Gesagte, das Elliptische, die Litotes[20] und die Poesie. Zum Beispiel begleiteten mich drei Verse von Supervielle während des ganzen Buches:

> Sie rannten nach Lust und Laune, oder drehten sich um sich selbst,
> sie blieben nur stehen, um zu sterben,
> um im Staub die Gangart zu wechseln und zu verschwinden.
>
> (Pferde ohne Reiter)

Ich sehe darin das Bild des verwirrten und gestreßten Menschen, der in den großen Städten in alle Richtungen rennt. Aber als ich diese drei Verse ohne weitere Erklärung als Epigraph setzen wollte, wurden mir die Ohren lang gezogen. „Man muß deutlich sprechen!" Wenn man das nicht tut, täuscht man seine Leser, macht sich über sie lustig und – was noch viel schlimmer ist: man bringt ihnen überhaupt keinen Nutzen.

„Aus diesen Gründen – vorausgesetzt, daß der Autor selbst erkennt, daß das beschuldigte Kapitel abstrus ist und daß es den Zielen der Entspannung nicht dient, die jedem, der dieses Buch kauft, stillschweigend versprochen werden – verurteilt das Gericht den Autor dazu, auf der Stelle passende, zweckmäßige und exakte Erklärungen zu liefern! Peng!"

---

[20] Redefigur, z. B. nicht der schlechteste [= ein guter Lehrer].

Erläuterungen

Die Überschrift

Die Überschrift „Die Entspannung der fünf Sinne" ist eine Zusammenziehung, eine etwas waghalsige metonymische Figur[21] Aber der namentliche Titel „Die geistige Entspannung, die dank der objektiven Benutzung unserer fünf Sinne erreicht wird" schien mir nur schwer verdaulich zu sein!

Übringens glaube ich, daß es „dunkle" Klarheiten gibt, wie man es bei bestimmten Philosophen feststellen kann, und daß es „Unklarheiten" und Zusammenfassungen gibt, die auf wunderbare Weise stimulierend wirken und die die Gedanken weit führen.

Mehr sage ich nicht über den Gegenstand. Das Gericht hat mich verurteilt. Ich beuge mich.

Der Haupttext

Die These, die ich verteidige, lautet folgendermaßen: Eine Annäherung an die Welt „da draußen", das heißt, der objektive und realistische Gebrauch unserer Sinne, befreit uns von gefühlsbetonter Katzenmusik, gewährt uns innere Klarheit und bringt uns zu uns selbst.

Diese „Ehrlichkeit" der Wahrnehmung zerstört den falschen Anschein, verflüchtigt den Nebel der Einbildungen und verscheucht die Hirngespinste. Wir erreichen eine Ruhezone, und wir können die geistige Entspannung in Gang bringen. Die Einheit von Körper

---

[21] Metonymie: Namensvertauschung, z.B. Stahl für „Dolch" oder jung und alt für „alle".

und Gedanke zieht den Entspannungskreis nach sich: Der vernünftige Einsatz unserer Sinne hat zu einer gewissen emotionalen Stabilität geführt, die die muskuläre Entkrampfung begünstigt, die wiederum die geistige Entspannung hervorruft, die die muskuläre Entspannung vergrößert, die ... etc. Wir sind in den *wertvollen Kreis* der Entspannung eingetreten.

Ein Beispiel:

Stellen Sie sich vor, daß Sie sich in einer banalen Streßsituation befinden: Autostau, Warten müssen beim Zahnarzt oder beim Arzt, im Labor oder auf den neuen Arbeitgeber etc. Wecken Sie Ihren Tastsinn. Streicheln Sie zum Beispiel den Stoff Ihrer Jacke. Sie nehmen den Stoff ganz zwischen Ihre Finger, Sie fühlen das Gewebe, Sie ertasten die feinsten Unterschiede, sie gleiten lustvoll über die Seide des Innenfutters, Sie bewundern aufs neue die Vorderseite der Jacke, Sie konzentrieren sich dabei ausschließlich auf Ihre Empfindungen. Machen Sie diese Erfahrung. Glauben Sie mir nicht aufs Wort. Sie werden feststellen, daß sie nach und nach ruhiger und gelassener werden – Sie ziehen Ihren Kopf aus der Schlinge. Diese Entspannungsform ist besonders geeignet bei Phobien: Höhenangst, Klaustrophobie, Platzangst etc. Verstehen Sie mich richtig, das schafft nur eine vorübergehende Erleichterung. Ich möchte noch einmal wiederholen: Die Entspannung *heilt* nicht (außer in einigen wenigen Fällen), aber sie erleichtert, und sie kann eine Panikattacke eindämmen, was ja auch schon ein bemerkenswertes Ergebnis ist.

Die Formulierung: das Auge hört, das Ohr sieht etc.

Diese Formulierung, die mir vorgeworfen worden ist,
ist nicht so verwerflich, wie es den Anschein hat. Ich
habe sie benutzt, um den Leser irrezuführen, um ihn zu
erstaunen, und ihn aufnahmebereit zu machen. Ich
habe mich darüber bereits ausgelassen. Übrigens findet
man so manches Beispiel für die Übertragung eines Sinnes auf einen anderen, und eigentümlicherweise vor
allem bei Behinderten. „Ich höre das Meer", sagte mir
ein Freund, der taub war, nachdem er lange Zeit beobachtet hatte, wie die Brandung gegen die Felsen schlug,
wie sich Sonne und Schatten abwechselten, wie sich
der weiße, irisierte Schaum bildete und wie das Meer in
der Bucht abwechselnd blau und grün schimmernte
und die sanften Wellen erschöpft auf dem Sand des
Strandes ausliefen. „Ich höre das Meer ..."
   Eine Freundin, die sehr religiös ist, hat mir folgende
Anekdote erzählt:
   – Schwester Klothilde ist seit ihrer Geburt blind.
Sie ist eine sehr lebhafte und fröhliche Schwester, sie
spielt das Harmonium, kümmert sich um verschie-
dene Hausarbeiten, wir mögen sie alle sehr. Letzte
Woche sah ich sie beim Stricken. Ich trat neben sie:
„An was arbeitest du, meine Schwester, an einem
Schal?"
   „Nein", sagte sie schelmisch, „ich fertige einen Ja-
quardpullover für eine meiner kleinen Nichten an".
Ich beobachtete verblüfft, wie sie mit ihren flinken
Nadeln komplizierte Muster erfand, wie sie mit größ-
ter Selbstverständlichkeit die weiße, gelbe und blaue
Wolle miteinander verknüpfte. Ohne Zweifel nahm

sie meine Verwunderung wahr: „Ich *sehe* mit meinen *Fingern*", sagte sie.

Wir unterschätzen unsere Sinne und benutzen sie unterhalb ihrer Fähigkeiten.

Unsere Sinne wissen mehr davon, als sie uns sagen.

Unsere Sinne wissen mehr davon als wir.

Sich selbst bewußt werden

Sich *unvoreingenommen* seiner fünf Sinne zu bedienen, erschließt den Weg zum Selbst-Bewußtsein. Ich *war* ein Stück von der Landschaft, vom Himmel, von den Wolken und von dem Tisch aus Kiefernholz, der vor mir steht. *Jetzt* gibt es den Tisch, und es gibt mich. Er existiert und ich existiere, und ich stehe ihm gegenüber. Ich *war* gefangen im unendlichen Spiel meiner Wahrnehmungen, *jetzt* bin ich befreit. Ich werde Beobachter, der „neutrale Zeuge" meines eigenen Lebens. Ich bin nicht länger ein in Reibereien gefangener Schauspieler. Dieses momentane Zurückziehen ist die Quelle des Friedens und der Weg zur Entspannung.

Das Selbst-Bewußtsein kann ganz zart sein, aber bis zur feinsten Wahrnehmung vertieft; eine Idee von unserem „wesentlichen Ich" diesseits aller Bindungen, den zahlreichen Gefängnissen des „Ego". So wird die Erfahrung des Absoluten möglich, die Begegnung mit Gott. Aber das ist eine andere Geschichte, wie Kipling[22] sagte, und führt uns vom augenblicklichen Gegenstand unserer Betrachtung weg.

---

[22] Kipling, Rudyard, 1865–1936, engl. Schriftsteller, erhielt 1907 den Nobelpreis für Literatur.

Zusammenfassend will ich sagen, daß der außerhalb des Üblichen liegende Einsatz unserer Sinne, ihr *unvoreingenommener* und freier Gebrauch – ohne zusammenfantasierte oder gefühlsmäßige Hindernisse – zwei Vorteile hat: Uns eröffnen sich unbekannte Horizonte, und wir werden auf den Pfad der Zufriedenheit geführt. Wenn ich bei der Beschreibung dieser Entspannung besonders viele Beispiele benutzt habe – die „Melodie der Assoziationen" gespielt habe, wie Valéry sagte –, dann ist es deshalb geschehen, weil bei diesen Themen das Verständnis eher aus der Eingebung erfolgt als aus dem diskursiven Denken. Ich hoffe, daß zumindest ein Leser, einer von hundert, von zehn ... dieses köstliche „Rezept" zu schätzen weiß. Ich würde ein Quentchen Humor, ein Löffelchen menschliche Zuneigung und das unvermeidliche Körnchen Helleborus[23] hinzufügen, das auf schwierigen und mystischen Pfaden hilft, die Vernunft zu bewahren.

„Wir werden zusammen einen Weg der Freundschaft gehen"

---

[23] Vertreter der Gattung der Hahnenfußgewächse – dazu zählen Christrose und Nieswurz – der früher die Heilwirkung zugeschrieben wurden, Geistesgestörtheit zu heilen.

Die große Entspannung

Wie widersprüchlich das ist! Diejenigen, die am meisten Angst haben, können es am schlechtesten akzeptieren, daß sie sich entspannen müssen. Ich bin schon auf so manche halsstarrige und fahrige Ablehnung gestoßen: „Mich entspannen? Ich? Niemals!" Diese Haltung erklärt sich von selbst. Das gestreßte Individuum flüchtet vor seinem Problem. Es stürzt sich in die Arbeit, in Reisen, in Vergnügungen und sogar in Sorgen, eben auf alles, was es von seinen Qualen kurzfristig erlöst. Es glaubt, daß es seine Probleme im Vorübergehen verlieren wird. Wenn man ihm vorschlägt, anzuhalten, ihm eine Pause anbietet, damit es wieder klar sehen kann, einmal nichts tun muß und Ruhe findet, dann bedeutet dies einen unerträglichen Zwang.

Wenn befreundete Mediziner einen angsterfüllten Patienten zu mir schicken, versuche ich, ihn im ersten Schritt davon zu überzeugen, daß er sich entspannen muß und führe ihn im zweiten Schritt dazu, sich die „große Entspannung" anzueigenen und sie auszuüben. Es gibt so viele Entspannungsmethoden wie es Blätter an einem Baum gibt. So verschieden sie sind, im wesentlichen sind sie sich doch ähnlich. Mein „Rezept" für die „große Entspannung" macht da keine Ausnahme. Ich gebe nur drei Zutaten hinzu: Humor, Freundschaft und ein wenig Eigensinn.

Als Beispiel soll die Geschichte von Frau Kleinwald dienen:

Diese Dame besuchte mich eines Vormittags und erklärte mir schon beim Eintreten, daß sie Yogalehrer und andere Scharlatane nicht besonders leiden könnte. Sie würde mich auf Anraten ihres Arztes aufsuchen und hätte mich einem anderen vorgezogen, weil ich auf die 70 Jahre zuginge und ihr vermutlich nicht mehr zumuten würde, irgendwelche „lächerlichen Verrenkungen auszuführen". Ich nutzte eine kurze Pause in ihrem Redefluß, um zu fragen:

– Möchten Sie Yogaunterricht nehmen?

– *Ja, das heißt nein! Ich will mich nur entspannen!*

– Gut, sagte ich, das läßt sich machen, und ...

Sie unterbrach mich:

Sie sind nicht zu absonderlich?

– Absonderlich?

– *Ich meine Sandelholzstäbchen, Weihrauch, dieses indische Zeugs da.*

– Nein, sagte ich lächelnd, ich bin ein anständiger Yogalehrer.

– *Und Sie werden keine komlizierten Bewegungen mit mir ausführen, über dieses Alter bin ich nämlich hinaus?*

Ich betrachtete die etwas rundliche, ungefähr fünfzigjährige Frau Kleinwald, sah, wie sie fest auf ihren kurzen Beinen stand, und lächelte ihr freundlich zu:

Beunruhigen sie sich nicht, normalerweise arbeite ich mit Dr. X zusammen, und in den Kursen wird jeder einzelne Fall berücksichtigt.

– *Und sind Sie auch nicht zu teuer? Die Kranken-*

kasse kommt nämlich nicht für Ihren Kurs auf, fragte
sie mich mißtrauisch.

– Es ist kostenlos.

– *Oh?* sagte sie, zum ersten Mal ein wenig aus der
Fassung gebracht.

Aber sie hatte sich schnell wieder in der Gewalt
und entschied für sich, daß sie eine so günstige Gelegenheit beim Schopf packen müsse. Dennoch war ein
wenig Verachtung in ihrem Blick, als wir uns über ci-
nen Termin einig wurden. Sie verließ mich, nachdem
sie mir alle dringenden Arbeiten aufgezählt hatte, unter denen sie angeblich beinahe erstickte, und verschwand, ohne daß ich die Gelegenheit gehabt hätte,
noch etwas zu sagen ....

Ich dachte darüber nach, was mich wohl erwarten
würde.

– Sie liegen flach auf dem Rücken, strecken sie Ihren
Nacken, indem Sie das Kinn in Richtung Sternum
(Brustbein) ziehen, Ihre Beine sind leicht gegrätscht,
die Füsse fallen nach außen. Ihre Arme berühren den
Körper nicht, die Handflächen zeigen nach oben, Ihre
Finger sind in ihrer natürlichen Haltung halb ge-
krümmt, Sie atmen ruhig und regelmäßig durch die
Nase.

Frau Kleinwald, im Jogging-Dress, liegt ausgestreckt auf der Übungsmatte. Sie ist verspannt. Ich
wiederhole mit ruhiger Stimme:

– Sie sind ruhig und entkrampft, Sie lassen sich fallen, Sie haben nichts zu befürchten, lassen Sie los, lassen Sie los ...

Sie richtet sich brüsk auf:

– *Nein*, ruft sie, *es nützt nichts, ich schaffe es nicht!*

– Gut, sage ich, wir werden etwas anderes ausprobieren.

– *Entschuldigen Sie, aber ich halte es nicht aus, hier zu liegen und mich weder zu bewegen noch zu sprechen. Das beruhigt mich nicht, sondern es regt mich auf! Ich glaube, die Entspannung ist nichts für mich!*

– Geben Sie mir noch eine Chance? frage ich lächelnd.

– *Wenn Sie wollen*, antwortet sie gnädig. *Meine Zeit ist sowieso verloren!*

Auch wenn man Yogalehrer ist, bleibt man doch ein Mensch, wie schon Tartuffe so ungefähr gesagt hat, und die „Freundlichkeiten" von Frau Kleinwald ließen mir langsam das Blut in den Kopf steigen. Eigentlich hätte ich ihr ziemlich unverblümt antworten müssen. Aber ich war im Dienst, – in ihrem Dienst. Die goldene Regel bei der Erziehung ist, seine persönlichen Empfindungen hintenan zu stellen. Berufsethos! Erzieherische Last und Größe …. Übrigens ist das ein Thema, das ich schon behandelt habe[24]. In dem hier geschilderten Fall wurde es jedenfalls dringend notwendig, daß ich meine Beziehung zu Frau Kleinwald mit ein wenig Güte, Freundlichkeit und Grazie (wie es unsere Vorväter so hübsch gesagt hätten) aufwertete. Humor – keine Ironie. Humor bedeutet Menschlichkeit, Leichtigkeit und Über-Sich-Selbst-Lachen-Können. Die Ironie, die sich manch-

---

[24] Chahuté, moi? Jamais! Paris, Ed. Fleurus, 1991

mal den Anschein von Humor gibt, ist im Gegensatz dazu hochmütig und voller Verachtung, wenn sie sich anschickt, über andere zu lachen.

– Wir werden das „Schaukeln des Elefanten" ausprobieren. Bestimmt haben Sie schon beobachtet, daß die Elefanten im Zirkus, wenn sie unaufhörlich und regelmäßig von einem Fuß auf den anderen wechseln, immer sanft ihren Rüssel mitschwingen lassen? Die Wiederkäuer, die Pferde in ihrem Stall und die Bären machen es genauso. Dies ist eine gefühlvolle und wohltuende Übung. Die langsamen und rhythmischen Bewegungen aktivieren und regulieren den Blutkreislauf sowie den Fluß der Lymphe. Die zusammengezogenen Muskeln werden massiert, und nach und nach findet man zu einem ausgeglichenen und weniger verspannten Zustand[25].

Was ich Ihnen zeigen werde:

1. Die Ausgangsposition: Aufrecht stehen, Kopf gerade, Kinn parallel zum Boden, gute Grundlage des Beckens, das langsam nach vorne bewegt wird. Die Füsse stehen in einem Abstand von 20 bis 30 Zentimetern parallel zueinander.

2. Die Bewegung: Achsendrehung (eine Viertel Drehung) nach rechts, dann nach links, dabei den der Drehbewegung entgegensetzten Fuß auf die Zehenspitzen stellen. Ausgeglichenes Einatmen und Ausatmen.

3. Der Kommentar: Es handelt sich um eine einfache Geste, die langsam ausgeführt werden muß, eine Art

---

25 Yoga des yeux, Margaret Darts Corbett, Paris, Ed. Marabout, 1986.

„langsamer Walzer". Wichtig ist, daß man seinen Kopf, seine Schultern und Arme frei schaukeln läßt und sich dabei entspannt.

Ich begann, mich vor Frau Kleinwald hin- und herzuwiegen, von links nach rechts, von rechts nach links, meine relativ lange Nase übernahm die Aufgabe des Rüssels.

– Sehen Sie, das ist das Schaukeln des Elefanten, sagte ich, indem ich meine schlenkernden Bewegungen noch ein wenig verstärkte.

Die Spur eines Lächelns, zum ersten Mal seit acht Tagen, huschte über das plattnasige und abweisende Gesicht von Frau Kleinwald:

– *Oh, oh! Wie drollig Sie aussehen!* bemerkte sie.

Aller Ungeduld zum Trotz, ließ ich mich auf Frau Kleinwalds unerträgliche und dumme Überheblichkeit ein, ich gestattete mir nicht einmal das köstliche Vergnügen – was den Humoristen ausmacht –, die Verachtung auszuhalten. Hastig holte ich aus meinem Fundus, der mir als Erzieher zur Verfügung steht, die zweite, in jeder pädagogischen Hinsicht notwenige Zutat heraus: Achtung für den anderen und Freundschaft. Freundschaft für denjenigen zu empfinden, den man unterrichtet oder pflegt, das ist der tiefste Wunsch eines Erziehenden. Das heißt: Die Rose nicht nach ihrer Qualität zu beurteilen, sondern sich ausschließlich darum zu bemühen, daß sie blüht. Diese Freundschaft legte ich in meinen Blick. Das versteht jedes Tier, und man kann es in dieser Hinsicht nicht belügen. Man muß tatsächlich lieben und dabei vergessen, daß man unterrichtet. Ich sage diese

Dinge deshalb, weil mein Leser vielleicht auch ein Unterrichtender ist, zumindest wird er sein eigener Erzieher sein, wenn er die „große Entspannung" für sich allein angeht. Er muß sich also selbst lieben und in sich die ganzen Frau Kleinwalds.

Aber ich will zu meiner Geschichte zurückkommen:

Meine „Schülerin" übte das „Schaukeln des Elefanten" und brach dabei in ein nervöses Lachen aus. Sie wiederholte dauernd:

– *Wie sehe ich aus! Oh, wenn mich meine Freundinnen jetzt sehen könnten!*

Ich beruhigte und lobte sie. Sie ließ ein bißchen locker und begann nach einigen Versuchen, die Bewegung wie eine Art Tanz auszuführen: Bei eins geht es los, 2 und 3 eine Viertellinksdrehung, 4 und 5 gerade drehen, 6 und 7 eine Vierteldrehung nach rechts, 8 und 9 gerade drehen etc.

Ich ermunterte Frau Kleinwald, die Zahlen mit klarer und lauter Stimme auszusprechen, was sie dazu brachte, ein wenig weiter und regelmäßiger zu atmen. Dann überprüfte ich, ob ihr Hals, ihre Schultern und ihre Arme entspannter, weicher und lockerer wurden. Dann bat ich sie, schweigend weiterzumachen und dabei ihre Atmung zu beobachten: beim Einatmen und beim Ausatmen bis zwei zählen. Ihre Augen fixierten die Objekte im Raum nicht länger und kamen zur Ruhe.

– Spüren sie, wie Ihr Körper lebt, quälen Sie ihn nicht länger, versteifen Sie ihn nicht, sondern suchen Sie sein Gleichgewicht, wiegen Sie ihn, lieben Sie ihn.

Als mir Frau Kleinwald ein vertrauensvolles Lächeln schenkte, das weder schüchtern noch ironisch noch von Eitelkeit geprägt war, wußte ich, daß sie bereit war.

Die große Entspannung übt man am besten an einem ruhigen Ort aus, z.B. in einem gut belüfteten Zimmer. Man muß sich sicher sein, daß man während der nächsten halben Stunde nicht gestört wird. Am Anfang ist diese Zeitspanne das Minimum. Ziehen sie sich bequem an, einen Jogging-Anzug z.B., oder einfach ein langes Hemd, nichts was um den Bauch spannt, einengt oder drückt. Strecken Sie sich auf dem flachen Rücken auf dem Boden oder auf einer Bast- oder Schilfmatte aus, die sie für diesen Zweck bereithalten, achten Sie darauf, daß Ihnen nicht zu kalt oder zu warm ist, und legen Sie sich bequem und behaglich hin. Möglicherweise benötigen Sie noch ein kleines Kissen unter dem Nacken oder unter den Knien. Sie müssen nicht blind auf die Empfehlungen Ihrer Ratgeber vertrauen. Sie müssen sich wohl fühlen – Sie.

Sind Sie bereit? Während der Zeit, die sie ihr widmen werden, zählt nichts als die Entspannung. Sie lassen vor Ihrem inneren Auge die Gedanken und Gefühle kommen und vorübergleiten, ohne daß Sie sich davon berühren lassen.
     – Henri, du kannst nicht auf allen Hochzeiten tanzen!", sagte meine Mutter, wenn sie sah, wie ich als kleiner Junge begeistert allem Neuen hinterherlief. Lassen Sie sich nicht von Ihren Gedanken forttragen. Vergessen Sie Ihre Sorgen, Ihr Bedauern, Ihre Eifer-

sucht, Ihren Zorn, Ihre Wünsche, Ihre Enttäuschungen, Ihr brüchiges Glück und Ihren Ärger. Lassen Sie die Wellen an der Oberfläche, finden Sie die Ruhe der Tiefe in sich.

Während der Entspannung sage ich häufig mit etwas spitzem Humor zu meinen Schülern:

– Seid nur beruhigt, Ihr werdet euren Zorn, eure Enttäuschungen und eure alten Feindschaften wiederfinden, sobald ihr einen Fuß vor meine Tür gesetzt habt. Bis dahin nehmt es von euch aus an, in eine Oase einzutreten. Setzt Euch in den Schatten der Palmen, trinkt frisches Wasser aus der Quelle. Nehmt Euch das Recht auf diese Ruhepause!

Werden Sie sich über Ihren Atem bewußt, aber versuchen Sie nicht, ihn zu beeinflussen. Sie beobachten, das ist alles. Im Idealfall bläst der Atem den Bauch leicht auf, zieht sanft das Akkordeon der Rippen auseinander, weitet den Brustkorb und fließt bis in den Rachen hinein. Bei der Ausatmung entweicht die Luft langsam, wie aus einem winzigen, stecknadelgroßen Loch aus einem Fahrradreifen. Bei jedem Ausatmen spüren Sie das Gewicht Ihres Körpers, das von der Erdanziehungskraft gegen den Boden gedrückt wird. Sie werden magnetisch angezogen, Sie kleben fest am Planet Erde, der seiner absurden Umlaufbahn um die Sonne folgt, unter Milliarden von Galaxien.

In Wirklichkeit sieht es oft ganz anders aus. Sie stellen zum Beispiel fest, daß Ihr Bauch sich beim Einatmen nicht mit Luft füllt, oder daß die kostale Atmung nicht richtig funktioniert. Das Hindernis besteht in der Undurchlässigkeit Ihres Zwerchfells. Diese muskulöse

Scheidewand, die sich auf beiden Seiten des Schwert-fortsatzes des Brustbeins (Xiphoideus) befindet, voll-zieht in einem gesunden Organismus achtzehn Bewe-gungen pro Minute. Ihr Umfang beträgt ungefähr acht Zentimeter bei Männern und etwas weniger bei Frauen. Es kann auch sein, daß eine lästige Muskelzu-sammenziehung Ihren Atem auf der Höhe des Brust-korbs blockiert und dieses köstliche Gefühl einer voll-ständigen, weiten Atmung verhindert. Sie *greifen nicht ein*, sondern Sie beobachten mit Geduld, Klar-sicht, Wohlwollen und einer Prise Humor: „Schau! Diese ein wenig verdrehte, halb verkümmerte At-mung – das ist meine!" Bereits der Einfluß dieses auf-merksamen, freundschaftlichen, warmen und fröhli-chen Blicks wird nach und nach diese unbeholfene Atmung umwandeln und die Luft wieder frei zirkulie-ren lassen. Was ist passiert? Ihr Körper, den Sie einen Augenblick lang nicht schikaniert, gequält oder be-täubt haben mit Ihren erregten, überflüssigen Gedan-ken, findet allein sein Gleichgewicht wieder. Die Mus-keln ziehen sich nicht länger krampfhaft zusammen. Sie atmen entspannt, ruhig und regelmäßig.

Jetzt kann die wirkliche Arbeit an der Entspannung beginnen. Es ist paradox, aber sie erfordert Anstren-gung, Arbeit und Technik. Bildlich gesprochen: Der Anwärter auf die Entspannung ähnelt ein wenig einer Hausfrau, die sich durch einen Berg von schmutzigen Tellern arbeiten muß. Ein Teller nach dem anderen muß peinlich genau gespült werden. Sich entspannen heißt nichts anderes als alle Muskeln des Körpers nach und nach zu entkrampfen.

Die große Entspannung

– Frau Kleinwald, ich habe Sie in Ruhe und Entspannung darauf hingewiesen, daß Sie gut liegen sollen, nämlich flach auf dem Rücken! So, und jetzt führen Sie vorsichtig das Kinn zum Brustbein und strecken sie Ihre Wirbelsäule. Gut! Dann spreizen Sie ein wenig die Beine, etwas weniger, 30 oder 40 Zentimeter ungefähr, lassen Sie die Füsse nach außen fallen, breiten Sie ebenfalls Ihre Arme aus, nicht zu sehr, legen Sie den Handrücken auf den Teppich und halten sie die Finger halb gekrümmt, so, jetzt schließen Sie die Augen.

Sie sprechen ruhig, langsam und regelmäßig

– Sie leiten Ihre Stimme in Gedanken in Ihren linken Fuß. Nennen Sie Ihre Muskeln und jene Teile Ihres Körpers mit Namen, die Sie mit Ihrem geistigen Auge streicheln möchten, bezeichnen Sie sie mit Fachnamen oder mit einem Ihnen gebräuchlichen Ausdruck, es ist nicht so wichtig, aber seien Sie freundlich, wohlwollend und überzeugend. Sagen Sie: Entspannt Euch, meine Freunde, meine Kollegen, meine Brüder und Schwestern. Entspannen Sie den großen linken Zeh, den zweiten, den dritten, den vierten und den kleinen Zeh, die Fußsohle und den Fußrücken, den äußern Knöchel, umkreisen Sie den linken Fußknöchel. Gleiten Sie ganz langsam das Bein herauf, erwärmen Sie mit Ihrem inneren Lächeln den gemeinsamen Streckmuskel der Zehen, halten Sie sich ein wenig bei den Knien auf, umkreisen Sie das Knie vorne und hinten am Kniekehlenmuskel, streifen Sie die Sehne der Kniescheibe, nähern Sie sich dann dem linken Schenkel, dem Schenkelmuskel und den Muskeln, die den Oberschenkel heranziehen, nehmen Sie Ihren linken Schenkel von vorne und von hinten genau in Augenschein. Sie streifen ein letztes Mal das ganze linke Bein und hüllen es in ein weiches Licht (am besten in Gold), und Sie lassen es am Boden liegen – *Sie vergessen es!* Der rechte Fuß kommt dran. Seien Sie unendlich geduldig, denn auf der rechten Seite muß derselbe Weg genauso sorgfältig wie auf der linken gegangen werden: der große Zeh, der zweite etc. Am Ende des neuen Durchgangs überlassen Sie das Bein wieder dem Boden, ohne noch einmal zu ihm zurückzukehren, ohne Bedauern und ohne ihm zu sagen, wohin Sie gehen – *Sie vergessen es!*

– Jetzt entspannen Sie Ihren Magen, stellen Sie sich vor, wie er aussieht, lieben Sie ihn, auch wenn Ihnen dieses Gefühl nicht vertraut ist, auch wenn Sie ihm vorwerfen, daß Sie ein paar Kilo zuviel haben, stellen Sie sich die Bauchmuskeln (Musculi abdominis) vor, die längs-, quer- und schrägverlaufenden Muskeln des Bauches, liebkosen sie jetzt in Gedanken die Magengrube und den Solarplexus. Halten Sie einen Moment inne, dann gleiten Sie weiter hinauf, streicheln Sie zärtlich Ihre Brüste, eine nach der anderen, entspannen sie den langen Auswärtswender (Musculus supinator) auf der linken Seite, dann auf der rechten Seite, streifen Sie die Zwischenrippenmuskeln (Musculi intercostales), entspannen sie den kleinen und den großen Brustmuskel, das Schlüsselbein, entspannen Sie den Rachen, atmen Sie, fühlen Sie, wie die Luft frei ein- und ausfließt. Stellen Sie sich vor, wie die Luft frei in Ihrem Bauch zirkuliert, in Ihrer Brust und in Ihrem Rachen, nachdem er den Fesseln der zusammengezogenen Muskeln entkommen ist. Steigen Sie nun auf die Höhe des Steißbeins hinab, entspannen Sie Ihren Rücken, folgen Sie der Wirbelsäule nach oben: fünf Lendenwirbel, zwölf Brustwirbel und sieben Halswirbel, streicheln Sie nun den Nacken, kehren Sie zum Rachenraum zurück, lassen Sie Ihren Körper in den Boden sinken, sich ausbreiten, schwer werden ... vertrauen Sie ihn dem Boden an, *vergessen Sie ihn!*

Ich spreche mit bedächtiger, gleichmäßiger und ruhiger Stimme. Meine Stimme ist voller Freundschaft. Während ich von Zuneigung, Achtung und Herzenswärme rede, empfinde ich wirklich so für Frau Kleinwald. Das muß auch so sein. Wenn man sich selbst entspannt oder eine andere Person dazu anleitet, benötigt man unbedingt diese Art von Achtung und Wohlwollen. Ansonsten würde man die Tür für alle Arten von Manipulation und auch für alle möglichen Regelverstöße öffnen. Der besondere Verdienst der Entspannung ist, daß sie ein Klima des Friedens schafft, der gefühlsmäßigen Sicherheit, der Liebe im weitesten Sinn des Wortes. Normalerweise hätte ich keine Sympathie für Frau Kleinwald empfunden, die ich für unintelligent, eitel, trotzig und unzugänglich halte, aber während der Entspannung *liebe ich sie.* Wenn ich auf diesem Punkt beharre, dann deshalb,

weil er grundlegend wichtig ist. Die Entspannung und
vor allem die große Entspannung existiert nur in Verbindung mit Achtung und Zuneigung, mit einem of-
fenen Herzen. Es lohnt sich, darüber nachzudenken,
vor allem wenn man sich alleine entspannt, denn
man muß während einer gewissen Zeit Abneigung
und Haß – der vielleicht schon zur Gewohnheit geworden ist – beiseite lassen. Man muß aufhören, sich
selbst zu beschuldigen und – was auch häufig vorkommt – sich zu schmeicheln oder zu beweihräu-
chern, denn dies sind die geschickten Masken einer
verborgenen Verachtung. Man muß sich einfach und
ehrlich lieben. Das ist möglich – und es ist notwendig.

– Jetzt entspannen Sie das Gesicht, die Unterseite des
Kinns, damit sie so zart und empfindsam wird wie bei
ganz kleinen Kindern, liebkosen Sie Ihre Lippen, damit sie parallel aufeinander liegen und aufblühen,
entspannen Sie den Ringmuskel der Lippen (Orbicularis oris) und die Zunge im Mund, damit sie sich wie
eine Seezunge im Sand weich und warm auf dem
Boden des Mundes ausruhen kann, nehmen Sie die
Kinnbacken auseinander, die Zähne sollen sich kaum
berühren, gleiten Sie weiter aufwärts bis zu den Augen, streicheln Sie die oberen und unteren Augenlie-
der, bevorzugen Sie kein Auge, sondern entspannen
Sie die Ringmuskeln der Augen (Orbiculari oculi)
gleichzeitig, umkreisen Sie in Gedanken die Augäp-
fel, gleiten Sie den Nasenrücken herunter, weiten Sie
Ihre Nasenflügel, gehen Sie zu den Schläfen hinüber,
glätten Sie sie, fahren Sie fort, indem Sie den Stirn-

muskel umwerben, wischen Sie zart Ihre querverlau-
fenden Falten weg, jene, die das Erstaunen ausdrük-
ken, dann folgen Sie den längsverlaufenden Muskeln
zwischen den Augenbrauen und den Falten, die von
den Sorgen und der Angst herrühren, gleiten Sie über
den Strand der Wangen weiter hinab, damit sie glatt
wie ein See werden.

– Erfrischen Sie Ihre Stirn mit einem kühlen Luft-
zug, nehmen Sie die Spannungen vom Schädel fort,
als ob Sie eine Mütze absetzen wollten, spüren Sie das
Gewicht Ihres Kopfes in den Kinnbacken, im Nacken,
überlassen Sie sich vertrauensvoll dem Boden, *lassen
Sie sich gehen* ..., vergessen Sie für einen Moment
Ihre Wünsche und Ihre Ängste, Ihr Ego, geben Sie, geben Sie in Gedanken, lieben und geben Sie, öffnen Sie
die Hände, öffnen Sie die Hände ...

Meine Stimme wird um eine Nuance leiser, geht in
ein Murmeln über, das nicht viel mehr als ein Flüstern ist ...

– Und jetzt entspannen Sie Ihren linken Arm, entspannen sie Ihre Hand, den Handrücken, der den Teppich berührt, streicheln sie die Handinnnenfläche, die
halb gekrümmten Finger: den Daumen, den Zeigefinger, den Mittelfinger, den Ringfinger und den kleinen
Finger, berühren Sie leicht das erste Fingerglied, das
zweite, das dritte ... Dann umkreisen Sie das Handgelenk, gleiten Sie den Unterarm hinauf, glätten Sie die
Muskeln: den Beugemuskel des Daumens, den kurzen und den langen Hohlhandmuskel (Musculus palmaris), rasten Sie einen Moment lang im Ellenbogen-

gelenk, umkreisen sie es, gleiten Sie den Armmuskel (Musculus biceps) hinauf, verbergen Sie sich hinter dem Armstrecker (Musculus triceps), spüren Sie das ganze Gewicht des Armes auf dem Teppich bis zum Deltamuskel hinauf (Musculus deltoideus), bis zur Schulter. Ihr linker Arm ist schwer, ganz schwer ... *Sie vergessen ihn.* Jetzt ist Ihr rechter Arm dran. Fangen Sie mit der Hand an, entspannen Sie den Handrücken, die Handinnenfläche und die halbgekrümmten Finger, die Sie alle aufzählen müssen: den Daumen, den Zeigefinger, den Mittelfinger, den Ringfinger und den kleinen Finger. Umkreisen Sie das Handgelenk ...

In diesem Augenblick, wo sich der Kreis der großen Entspannung schließt, werfe ich gewöhnlich einen kurzen Blick auf meine „Schüler", um das Zurücknehmen, die langsame Rückkehr zum normalen Bewußtseinszustand in Augenschein zu nehmen. Vorher beobachte ich nicht, das ist die Regel. Derjenige, der sich entspannt, hat das Recht auf absolute Verschwiegenheit, also auch darauf, nicht von einem Blick gestört zu werden. Überraschung! Frau Kleinwald schläft friedlich mit ausgestreckten Armen und Beinen auf ihrem Teppich. Sie schnarcht sogar leicht, und ich sehe eine kleine Schweißperle auf Ihren Lippen, die von feinen Härchen umgrenzt wird. Ich lächle und mache mich über mich selbst lustig: „Dummkopf, Hornochse! Jetzt hast du deine ganze Begabung als Yogalehrer und Entspannungsfachmann dafür verwandt, zu diesem Ergebnis zu kommen!"
Das ist eine Niederlage! Denn Ziel der Entspan-

nung ist die muskuläre Entkrampfung und die nervliche und geistige Belebung. So erreicht man einen wachsamen und losgelösten Bewußtseinszustand, in dem man den inneren Frieden und die Liebe findet, und in dem man sich darauf vorbereitet, irgendwann am Absoluten zu kosten.

Frau Kleinwald hat sich in den Schlaf geflüchtet. Ich beobachte, wie sie ihre Augen öffnet und erstaunt um sich schaut:

– *Ich glaube, ich habe ein bißchen geschlafen ...*

– Ja, sage ich, halberstarrt.

– *Oh, ich fühle mich gut!*

Sie streckt sich aus, gähnt und bringt schnell Ordnung in ihre gefärbten Haare.

– *Ich muß fürchterlich aussehen! Aber der Arzt hatte recht, Sie sind ein guter Yogalehrer, ich komme wieder.*

– Ich stehe zu Ihrer Verfügung, sage ich ohne rechte Begeisterung.

– *Ist das immer noch kostenlos?* fragt Frau Kleinwald, die schon wieder in ihre alte Unruhe zurückgefallen ist.

– Ja, das ist immer noch kostenlos, ich schlage Ihnen den nächsten Donnerstag vor, 18 Uhr ...

Frau Kleinwald willigt mit einem leichten Kopfnikken ein, sie ist ganz geschäftig und bereits fertig angezogen, auch erkenne ich den mißtrauischen und feindseligen Ausdruck in ihrem Gesicht wieder, das heißt, vielleicht ist er etwas weniger feindselig ...

Die Entspannung heute war ein Mißerfolg, naja, ein halber Mißerfolg, aber auf dem Weg zur Zufriedenheit braucht man einen langen Atem und sehr viel Geduld. „Der Beweis dafür ist", sage ich lächelnd zu mir selbst, „daß dich diese mutige Frau beinahe in Wut gebracht hätte, dich, den hundertprozentig Erfahrenen!"

Die Methode, die Klarheit, die Ausdauer, sich selbst und andere lieben und Humor haben: das ist die Würze unseres Lebens, eine zwar nicht lebensnotwenige, aber unverzichtbare Gnade. Das ist das Rezept der Entspannung.

GEISTIGE
ENTSPANNUNGEN

Die heimliche Entspannung

> „Diese Übung, dieses kostbare
> Kleinod, muß geheim bleiben."

So sprachen die großen Rishis[26] über das *Shanti-mudra* (die Geste des Friedens). Ich habe nicht vor, den praktizierenden Anfänger in die Vielfalt des *Pranayama* und des *Shantimudra* einzuführen. Aber da ich mich persönlich häufig auf das *Shanti* (das „chaan ... ti" mit langem a-Laut ausgesprochen wird) berufe, weiß ich um seine Vorzüge. Nur ungern enthalte ich es meinen Lesern vor: Ich will es gemeinsam mit anderen qualifizierten Formen der Entspannung erwähnen. Jetzt stelle ich Ihnen eine sehr vereinfachte Formel vor, die die Geübten unter Ihnen vielleicht erschauern läßt. Dennoch habe ich nicht an der Substanz des *Shanti* gerührt, das Wesentliche, das es zur Quelle der Gnade und des Friedens macht, bleibt also erhalten. Eine letzte Bemerkung dazu: Diese Entspannung wird „heimliche Entspannung" genannt, da sie ihre Ursprünge nicht verleugnen kann: Sie soll lediglich allein und in der Stille geübt werden, und man soll nicht über sie sprechen. Denn sie berührt das Innerste des Wesens.

---

[26] Geistige Führer.

Übung

1. Einen einsamen Ort finden

(Es ist schon vorgekommen, daß ich keinen Augenblick Ruhe hatte, und mich zwei Minuten lang auf die Toilette flüchten mußte, um *Shanti* auszuüben.) Nehmen Sie eine klassische Sitzweise ein, die Ihnen Stabilität garantiert[27], oder setzen Sie sich auf einen niedrigen Stuhl. Entscheidend ist, daß Sie Ihren Rükken gerade halten.

2. Die Friedensgeste

1. Schritt: Führen sie Ihre Hände (Handinnenfläche) in Richtung Unterleib. Siehe Abb. S. 126. Versuchen Sie beim Ausatmen den Afterschließmuskel anzuspannen (*Mula Bandha*).

2. Schritt:

A. Entspannen Sie den Afterschließmuskel vorsichtig (Sie entknoten *Mula Bandha*). Atmen Sie ein, und lassen Sie dabei zu, daß sich der Bauch leicht wölbt.

Die Hände heben sich im Gleichtakt mit dem Atem.

Die Finger zeigen weiterhin nach unten.

B. Der Atem erreicht den Solarplexus. Halten Sie Ihre Finger jetzt waagerecht, die Hände legen sich gegenüber. Spreizen Sie langsam das Akkordeon der Rippen, die Hände heben sich gleichmäßig mit.

---

[27] Entweder knieend/auf den Fersen sitzend oder im Lotussitz.

C. Der Atem erreicht das Schlüsselbein. Sie heben den Brustkorb an. Die Hände begleiten das Aufwärtssteigen mit einer langsamen, gleichmäßigen und harmonischen Bewegung. Sie erreichen Hals und Gesicht.

D. Die Phase des Einatmens ist beendet, Sie halten den Atem an. Sie spreizen die Hände und heben die Arme leicht gebeugt über den Kopf. Sie halten die Hände ruhig und drehen die Handinnenfläche in Richtung Himmel.

Den Kopf leicht nach hinten gebeugt, die Augen geschlossen, aber in Richtung der wirklichen oder einer imaginären Sonne gewandt, sprechen Sie im Geiste das Wort „Frieden" aus, oder wenn Ihnen das lieber ist das Wort „chaan ... ti,ti".

Lassen Sie uns kurz bei diesem wichtigen Punkt verweilen.

Die Hände und das Gesicht sind dem Himmel zugewandt. Das Wort „Frieden" (*Shant-ti*) füllt Ihr Denken ganz aus. Der Atem schwebt (Anfänger sollen ihren Atem nicht länger als 20 Sekunden anhalten!). *Jetzt* beginnt die Verwandlung, die Ihre Betrachtungsweise verändert und Ihr innerstes Ich berührt. Der Körper wird zum Gebet, zum Geschenk, zum Lied, welches sich mit der ewigen Melodie des Universums in Übereinstimmung befindet.

„Die höchste Dichtkunst kann die Dinge nur unzureichend benennen ...", schreibt Valéry. Aber wie soll man sich ausdrücken? Wie soll man diesen Zustand beschreiben, in dem wir uns in Harmonie mit dem

Kosmos erleben und ein winziger Funken der Sterne sind? In diesem Zustand ahnen wir etwas von der Größe des Absoluten. Als Christ suche ich dort meinen Gott. Aber *Shanti-mudra* ist an keine Religion und an keinen Glauben gebunden, und es erfordert keine Spiritualität. Es öffnet das Herz für das Unendliche, und jeder legt das hinein, was ihm gefällt. Für manche stellt es übrigens nur eine Geste der Zufriedenheit dar. Für alle aber bedeutet es eine physiologische und geistige Entspannung.

E. Sie atmen aus und wiederholen die Übung in entgegengesetzter Richtung. Der Brustkorb senkt sich, die Rippen ziehen sich wieder zusammen, und der Bauch wird flach. Die Hände begleiten den Vorgang.

Ratschläge

Diese Übung kann und soll mehrere Male wiederholt werden, mindestens aber fünf Mal. Vor allem die Anfänger brauchen zwischen jeder Übung Pausen. Es gilt die Regel: Wer übertreibt, schadet nur sich selbst. Halten Sie am Anfang also nicht länger als 20 Sekunden den Atem an. Nicht geeignet ist diese Übung für alle, die an Atemwegserkrankungen oder an Herzstörungen leiden.

Die Bewegung der Hände ist wichtig. Sie symbolisiert die Hingabebereitschaft, die Vereinigung und die Liebe.

Diese Entspannung ist eine der schönsten, die es gibt. In ihr liegt etwas Geheimnisvolles. Übrigens sagt die Tradition, daß nach *Shanti-mudra* (auch in vereinfachter Form) alle Worte überflüssig sind. Sogar der kleine Schelm in mir, der nie schläft, hält nach dieser Übung die Klappe.

126

Die Entspannung des „ja"

Diese Entspannung ist so offensichtlich, daß Sie ausrufen werden: „In drei Teufels Namen, warum habe ich nicht schon früher daran gedacht!" Eine Entspannung, die nicht wie eine aussieht, die weder eine besondere Atmung noch eine schwierige Position erfordert. Man kann sie im Gehen, beim Essen, bei der Arbeit, aufrecht oder liegend ausüben. Ich fühle, daß Sie vor Neugier brennen. Lesen Sie zunächst, wie ich auf die Idee gekommen bin, Ihnen davon zu erzählen.

Es war an einem Sonntag morgen. Ich verfolgte die Messe im Fernsehen. Ich ahne schon, daß jetzt einige meiner Leser die Schultern hochziehen und verächtlich schnauben werden: „Ein Katholik also!" Seien Sie bitte nicht ungerecht, beweisen Sie in meinem Fall genausoviel Toleranz, wie Sie sie auch gegenüber einem Juden, einem Mohammedaner, einem Buddhisten, einem Shintoisten[28] oder einem Animisten[29] aufbringen würden. Kurzum: Ich verfolgte die Messe auf dem Bildschirm. Die Predigt wurde angekündigt, die ja meistens langweilig ist. Ich weiß, dieser Gedanke ist eine Sünde, eine kleine Sünde, eine winzige

---

[28] Anhänger der japanischen Nationalreligion.
[29] Philos. Anschauung, die die Seele als Lebensprinzip betrachtet.

Sünde, ein Zwerglein, kaum der Rede wert ... Ich setzte mich also in meinem Sessel bequem zurecht und bereitete mich ein wenig resigniert darauf vor, die formelle Predigt anzuhören. Der Priester, ein strenger Mann mit viereckigem Kopf und Bürstenhaarschnitt kündigte an, daß er über die christliche Freiheit sprechen würde. Und die Moralpredigt fing an ... Überraschung! Der Priester langweilte mich nicht. Was er zu sagen hatte, sagte er ohne Umschweife, er verkünstelte sich nicht und gebrauchte keine Ausflüchte. Er sprach ausführlich und angemessen über den Haß, machte sich über die Tücken und Hindernisse eines Paulus-Zitates lustig, dann über eines von Valéry, und setzte genau an der richtigen Stelle mitten aus dem Leben gegriffene Beispiele, eines aus dem Bereich des Radrennfahrens und ein anderes aus dem Bereich der Oper. Das alles war so gut verpackt, so genau gesetzt, daß ich völlig überrascht in meinem Sessel hing, vollkommen in Bann geschlagen und vor lauter Bewunderung wie erstarrt. Ich hatte mich dieser Predigt so voll und ganz gewidmet, daß ich – ohne es zu wollen – vor lauter *Vergnügen* sanft einschlief.

Was war passiert? Ich hatte einen Moment der vollkommenen Gemeinschaft erlebt. Mein Empfinden, mein Denken, mein ganzes kulturelles Erbe befanden sich in Harmonie mit den Ausführungen, die ich gehört hatte. Das ist das Rezept dieser Entspannung, die zumindest in der Theorie sehr einfach ist: Die Entspannung des „ja" oder der Übereinstimmung. Eine gelungene Verbindung zwischen der Welt und uns, die nur in einigen wenigen Augenblicken unseres Lebens existiert. Lassen Sie uns dieses Phänomen analysieren, um klarer zu sehen. Normalerweise funktionieren wir wie ein Mähdrescher, der ohne Pause die Spreu vom Weizen trennt. Das Stroh werfe ich weg, das Korn behalte ich. *Nein, ja, nein, ja – ohne Ende.* Der rote Pullover von Martina gefällt mir nicht, aber ihre schwarzen, glänzenden Haare, die nehme ich! Vanillepudding: ja, Spinat: nein. Dieser Kollege lächelt mich an: ja! Dieser dort hat ein abstoßendes Äußeres: nein! Etc. Wir sind darauf programmiert, unermüdlich auszuwählen zwischen dem, was uns schmeckt, was wir angeblich brauchen und was uns Spaß macht. Unglücklicherweise verschmutzt die „Maschine" mit der Zeit, ja sie wird unbrauchbar. Wenn Sie genau hinsehen, werden Sie feststellen, daß kleine Kinder ihre Freude und ihre Ängste klar ausdrücken. Unser „ja" hingegen stumpft mit der Zeit ab, es wird immer schmächtiger, magerer, kühler … Ja, die Abendsonne am Meer gefällt mir. *Aber:* Letztes Jahr in Griechenland habe ich eine Sonne gesehen, die noch leuchtender war … Ja, *aber* ich habe mein Auto 500 Meter entfernt von hier geparkt, und es wird mich viel Mühe kosten, es später zu holen. Etc. Wir schränken ein, bedauern, verdunkeln unsere Freude.

„Man muß sich ständig an seinem Dasein erfreuen können", das ist ein starker Ausspruch Montaignes.

Man muß es können: die wenigen Momente der Gnade, diese außergewöhnlichen Augenblicke annehmen, würdigen, vertiefen und verlängern, uns in einem dieser flüchtigen Glücksmomente entfalten. Auf diese Weise gelingt uns jedesmal eine wunderbare

Entspannung. Man muß auch nicht darauf warten, daß uns das Leben diese Momente der Gnade offeriert. Gerade inmitten trauriger Lebensphasen, ja vielleicht sogar der härtesten, die wir durchstehen müssen, kann man sie aufstöbern, sie entdecken. Ich erinnere mich an meine Mutter, die am Ende ihres Lebens ans Bett gefesselt war, und die zu mir sagte: „Schau Henri, dieser Vogel, der da fliegt, ich bin so glücklich, daß ich das noch sehen kann ...", und ihr Gesicht strahlte. Kosten wir das Glück aus, wachen wir aufmerksam über die Freude.

Eines Tages, eines Tages ... werden wir auch zu unseren dunklen Augenblicken stehen, werden wir das Unglück annehmen können: „ja" sagen zu unserem Leben. Wir werden uns mit dem Leben auf verschiedenste Weise verbinden, mit jedem Lied des Flusses verschmelzen, jedem Umweg des Rinnsals folgen. So werden wir innere Zufriedenheit finden. Wir praktizieren die Entspannung des *ja* voll und ganz.

Die Vorstellung vom Körper

Mein Körper ist meine Heimat

Ihn zu kennen, über ihn zu wachen, ihn in jeder Hinsicht zu lieben, ist eine umfassende Aufgabe, die sich fest in meinem Kopf verankert hat. Aber es gibt Aufgaben, die man vernachlässigt, augenscheinliche Dinge, die man nicht wahrhaben will oder vergißt.

Ich lebe in einem kleinen Dorf. Morgens gehe ich im Garten spazieren, und manchmal durchstreife ich die Pastis-Felder. Danach trinke ich in der Bar an der großen Straße Kaffee; im Vorbeigehen grüße ich herüber zur Kirche aus dem 12. Jahrhundert und zu ihrem viereckigen Glockenturm. Am Nachmittag klettere ich auf den Hügel und wandere die ganze „Ormeau Morrisson" entlang, die ulmenbestandene, gerade Straße, die durch unser Tal und anschließend durch die Weinberge führt. Ins Nachbartal von „Meaulne" komme ich nur selten. Das ist Zufall, es interessiert mich nicht, ich vergesse es einfach. Zum Glück gibt es andere, die dieses Tal lieben und beschützen.

Aber das Land meines Körpers liebe und beschütze ich! Denn wenn ich mein Kreuz vernachlässige oder meine Hüften, wenn ich beide mehr oder weniger aus dem Gedächtnis streiche, werden sie entweder krank werden oder in Opposition treten. Mein Körper ist ein Ganzes, und er kann nur in Harmonie mit allen seinen Teilen leben. Eine lustige Komödie von Menander, dem griechischen Autor, den früher alle Gymnasiasten kannten, erzählt die Geschichte vom Kampf zwischen den Gliedmaßen und dem Magen. Der Ausgang war klar: Die Arme und Beine konnten nicht ohne den Magen überleben und *vice versa*. Es ist unbedingt notwenig, daß ich mental über ein friedliches und einheitliches Bild von meinem Körper verfüge. Aber man braucht lange, um dorthin zu kommen. Mit sechs Monaten kann ein Kind seinen Körper nur schlecht von seiner unmittelbaren Umgebung abgrenzen. Mit drei Jahren zeichnet es sich noch als rundes Objekt, manchmal ohne Arme und Beine. Erst mit sechs Jahren stellt es sich dann vollständig dar: Es bewohnt das Land seines Körpers. Aber dieses Land verändert sich. Der Körper wächst, entfaltet sich, reift und altert. Er formt sich den Ereignissen entsprechend, gestaltet sich gemäß den guten und schlechten Zeiten, er verändert sich auf jeder Lebensstufe. Sich ein stabiles und harmonisches Bild von seinem Körper zu erarbeiten – das ist eine Lebensaufgabe.

Fremde im Land des eigenen Körpers

Häufig sind wir Fremde in unserem eigenen Land. Wir – Sie und ich – haben von uns selbst eine unklare, deformierte Vorstellung. Wir tragen Gesicht, Brust und Hände offen zur Schau, aber wir verbergen auch vor unserem geistigen Auge den Rücken, den Nacken und die Hüften. Manchmal sind wir nur ein Mund, eine Nase, Haare, ein Geschlecht ... Da wir in unseren meisten Körperteilen gar nicht anwesend sind, geht unsere Verirrung so weit, daß wir den schlechten Zähnen, dem schlaffen oder zu großen Bauch, dem verkrümmten Zeh die Existenzberechtigung absprechen:

„Diesen Fuß dort, den kenne ich nicht!"

So ein Spleen. Man muß seinen Körper unterstützen, ihn als Heimat anerkennen, seine Höhen und Tiefen, seine Vorzüge und seine Schwächen akzeptieren. Wie schafft man es, wirklich in seinem Körper zu wohnen? Wann hört man auf, darin wie ein Fremder zu leben? Die Antwort klingt einfach, aber die Theorie in die Praxis umzusetzen ist ein schwieriger und langwieriger Prozeß. Es gibt keinen anderen Weg, der zu Harmonie und Frieden führt. Seinen Körper zu kennen, mit ihm zu sprechen und freundschaftliche Bande mit ihm zu knüpfen, sich in seinen Körper hineinzufinden, das ist die Grundlage der ganzen Enspannung.

Seinen Körper kennen

„Eine Unze Praxis ist mehr wert als Tonnen von Theorie", sagt ein chinesisches Sprichwort. Hören wir darauf. Um seinen Körper zu kennen, muß man ihn beobachten, ihn von außen betrachten, wie ein Schauspieler, der aufgehört hat, sich mit seiner Rolle zu identifizieren. Man muß Zuschauer im Theaterraum werden, Beobachter, Zeuge. Halten Sie einmal in Ihren täglichen Aktivitäten inne: Stop! Gerade waren Sie dabei, mit großen Schritten durch das Empfangszimmer zu laufen. Stop! Bewegen Sie sich nicht weiter! Schauen Sie sich an! Einen Fuß in der Luft, den Kopf eigenartig gebeugt: „Sieh an, ich habe den Kiefer festgestellt und die Augenbrauen zusammengezogen. Und warum halte ich den Arm so komisch und ziehe die Schultern hoch?" Untersuchen Sie Ihren Körper mit Klarsicht und Wohlwollen. Lächeln sie über diese überflüssigen und unangemessenen Bewegungen und über diese störenden Verspannungen.

„Oh, mein Körper, wie dumm ich dich behandelt habe. Ich kannte dich schlecht!"

Wiederholen Sie diese Übung mehrmals am Tag. Sie ist wirksamer, als es zunächst aussehen mag. Und: Sie hält ungeahnte Überraschungen für Sie bereit.

Einen Dialog führen

„Einen Dialog mit jemandem führen", das ist ein modernes Schlagwort, mit dem sich jede gewerkschaftliche, erzieherische und soziale Einrichtung schmückt. Aber dennoch ist der Dialog die cleverste Form, um uns über unser Verhältnis zu anderen klar zu werden, zum Beispiel darüber, ob es nun unsere Freunde oder unsere Feinde sind. Und ist unser Körper nicht ein Gefährte, ein enger Freund?

Überwinden Sie die Angst davor, sich lächerlich zu machen, unterhalten Sie sich mit Ihrem Körper! Unterhalten Sie sich mit Ihrer Hüfte, mit Ihrer Schulter und mit Ihrem Magen:

– „Endlich fragst du mich mal! Ich habe genug von diesen süßen Kuchen und der Schokolade, die du in dich hinein stopfst, um Frau M. Honig um den Mund zu schmieren und ihre Töchter zu hofieren … Denk auch mal an mich! Ich stehe kurz vor einer Gastritis!"

Dialog, Diskussion, Kompromiß. Frieden, Ausgleich. Ein festgestellter Kiefer entspannt sich, wenn Sie mit ihm sprechen. (Übrigens können Sie dann auch wieder lächeln!) Man kann eine rein mechanische oder eine irrtümliche Bewegung oder auch ein leichtes Zittern unterbinden, wenn man es mit sanfter Stimme in das Konzert, in das Zusammenspiel des Körpers integriert. Glauben Sie mir nicht aufs Wort. Probieren Sie es aus, Sie werden über das Ergebnis erstaunt sein.

Lieben

Liebe und Freundschaft können Wunder bewirken. Zu lieben und geliebt zu werden, das ist eine privilegierte Daseinsform. Unser Körper braucht unsere eindeutige, starke und großzügige Liebe. Diese Liebe muß einsichtig sein, sie darf keine Partei ergreifen und keine Unterschiede machen. Sie muß das Ganze umfassen. In vielen Fällen lieben wir nur Teile von uns selbst, so, als könnte man sie wie ein Stück Wurst abschneiden: eine Brust, eine Fessel oder einen Bizeps!

Wir lieben, was uns schmeichelt oder was uns Vergnügen schafft. Wir verabscheuen, was uns abwertet oder was uns leiden macht, und allem übrigen gegenüber bleiben wir gleichgültig.

Ungerechtigkeit, Unordnung, Gefahr. Wir müssen uns selbst gegenüber die Haltung eines guten Erziehers annehmen, einer warmherzigen und wachsamen Mutter. „Jeder hat einen Teil davon, und alle haben Teil am Ganzen", sagte Victor Hugo.

Wer mit seinem Körper im Einklang lebt, der bewohnt seine Heimat und kehrt zu sich selbst zurück.

„Das Feuer des Himmels entsteht aus dem Körper der Erde", sagt ein Aphorismus der indischen Philosophie. Unser Körper ist der Ausgangspunkt unserer Seele, er ist die Wurzel des Himmels. Er ist keine Maschine, die uns zur Verfügung steht, sondern ein lebendiges Wesen, das unsere Achtung verdient. Die christlich-jüdische Tradition hat uns schlecht darauf vorbereitet, eine angemessene und ausgewogene Haltung zu unserem Körper zu finden. Er wurde im Laufe der letzten Jahrhunderte häufig verachtet. Vielleicht als Reaktion darauf vergöttern wir ihn heute. Dies ist nur eines von vielen Extremen. Sie sind die schärfsten Feinde unserer inneren Harmonie und unseres inneren Friedens. Dennoch: Die hochentwickelten Kulturen, die großen Religionen (die christliche inbegriffen) und sogar die Wissenschaften lehren uns, daß man in seinem Körper „wohnen" muß, genauso, wie man in seinem Land wohnt. Der Körper ist unsere erste Heimat.

In der Gegenwart leben

„Achtung! Achtung! Leben Sie in der Gegenwart!"
sang der Vogel auf der Glücksinsel, von der Aldous
Huxley erzählt. Das Geheimnis der Entspannung ist,
daß Sie Ihre Aufmerksamkeit auf eine einzige, flüchtige Sekunde richten, auf den Augenblick, der *jetzt*
gerade vorübergeht. Dabei sollen Sie sich nicht verkrampfen, sondern dem vorübergehenden Moment
eine sanfte, zugleich aber entschlossene und heitere
Aufmerksamkeit schenken. Es genügt, wenn Sie sich
auf einige alltägliche Bewegungsabläufe konzentrieren: aufstehen, setzen, gehen, rennen, ein Buch in die
Hand nehmen ... oder wenn Sie einfach den Daumen
an den Fingern reiben.

Paul Valéry schrieb in seinen *Cahiers*: „Das Alter
verleiht dem Augenblick einen unendlichen Wert."
Dieser Satz stammt aus dem Jahr 1933. Der Dichter
war 62 Jahre alt und hatte noch 13 Jahre zu leben. Und
Sie? Wieviel Zeit bleibt Ihnen noch, um sich am
„kostbaren menschlichen Leben" zu erfreuen und die
Gegenwart zu genießen?

Greife das Unendliche mit Deiner Hand,
und halte die Ewigkeit, die in der Zeit liegt, die
vergeht.

(W. Blake)

137

„Jeder Augenblick ist vollkommen", schreibt der Zen-Meister D. T. Suzuki, „er lebt und hat eine Bedeutung. Der Frosch springt, die Heuschrecke zirpt, ein Tautropfen glitzert auf dem Lotusblatt."

– *Wohin gehen wir*, fragt der Schüler.

– *Wir sind schon da*, antwortet der Weise. Das Ziel des Lebens oder einer Reise oder der Ewigkeit ist in dem Schritt enthalten, den wir *jetzt* machen.

Diese „meditative Entspannung" soll dazu anregen, unsere geistige Haltung und unseren Blick auf die Welt und die Zeit näher zu bestimmen. Wir drehen uns wie Kreisel immerzu um uns selbst. Oder wenn Sie eine andere Metapher bevorzugen: Wir rennen wie aufgescheuchte Hasen herum, die die Kugeln des Jägers um die Ohren pfeifen hören. Und wenn wir einmal innehalten würden? Man muß sich einen Augenblick Zeit nehmen, um ein kleines Blatt zu betrachten ... feucht vom Tau des Augenblicks. Wir müssen akzeptieren lernen, daß das, was ist, sein soll, und in der Tiefe unserer Seele die geheimnisvolle Ewigkeit der Gegenwart spüren.

Vielleicht ist mein Anliegen ein wenig seltsam, es stammt aus dem Feld der nicht greifbaren Poesie. Aber wie soll man das Unsagbare ausdrücken? Eine vernunftgeprägte Rede wäre der falsche Ausweg. Ich spreche von einer Realität, die sich nur im Leben erfahren läßt. Versuchen Sie es! Das Ergebnis wird Sie erstaunen. Sie spüren, wie eine wohltuende Welle Ihren Solarplexus durchströmt. Sie kosten von einem unbekannten Frieden. Diese Empfindung ist zart und nur von kurzer Dauer. Aber man entspannt sich dabei. Und sie heitert den Tag auf.

Übung

Ich schlage eine charakteristische Übung vor. Sie soll aber lediglich ein Anhaltspunkt sein und zur geistigen Vorbereitung dienen. Dann sind Sie empfänglicher für das „Gefühl der Gegenwart".

Nehmen Sie eine bequeme Haltung ein: *Virjasana*, *Siddhasana* oder *Lotus*, wenn Sie mit dem Yoga vertraut sind. Wenn nicht, setzen Sie sich auf einen niedrigen Stuhl und stellen Sie die Füße auf den Boden; die Beine sollen einen rechten Winkel formen. Halten Sie die Wirbelsäule so gerade wie möglich (lehnen sie sich nicht an die Rückenlehne an), der Kopf sollte gut zwischen den Schultern ausbalanciert sein, ungefähr so wie eine Blume auf dem Stengel. Legen sie die Hände flach auf die Oberschenkel, so wie Sie es schon bei ägyptischen Statuen gesehen haben. Wichtig ist, daß Sie in dieser Haltung frei und tief atmen können. Jetzt schließen Sie die Augen und atmen ganz ruhig und regelmäßig. Entspannen Sie die Schultern, halten Sie sich gerade, und bleiben Sie unverkrampft. Denken Sie: „Ich bin das *Leben*, und ich nehme über die Milliarden von Zellen in meinem Körper am Leben im Universum teil. Ich bin ein Funken dieses hochentwickelten Lebens exakt in dieser Zeit, genau in diesem Augenblick. Ich schaue nicht zurück in die Vergangenheit, ich male mir die Zukunft nicht aus, ich bin *jetzt* da: Ich bin da, ich atme, ich nehme und gebe, ein Blatt unter den Blättern eines riesigen Baumes."

Lassen sie sich von diesem Gemeinschaftsgefühl mit dem Leben in höchste Verwunderung versetzen.

Sie stellen hier und jetzt die kostbare Form dar, die es annimmmt. Lassen Sie Ihr Herz weit werden, ohne Grenzen lieben, unendlich weit. Öffnen Sie die Augen. Schütteln sie sich ein wenig, lächeln Sie und nehmen Sie ohne Eile Ihre Beschäftigung wieder auf.

Den Geist reinigen

Oder: „Den Schlamm wegschrubben". Dieser bildhafte Ausdruck stammt aus Indien. Er bezeichnet eine Übung, die den Geist reinigt und die dem Schüler, Mönch oder Weisen helfen soll, sich von seinen *Vasanas* und *Samskaras*, von seinen Wünschen, Enttäuschungen und verdrängten Gefühlen zu befreien. Denn nur wenn er dieses störende Aufbegehren des Unbewußten beiseite schiebt, kann er mit einem ruhigeren Geist zum Gebet und zur Meditation übergehen.

In abgeänderter und den eigenen Bedürfnissen angepaßter Form kann diese den Geist reinigende Übung als originelle und wohltuende Entspannung eingesetzt werden. Diese Übung will nicht in das geschützte und genau abgegrenzte Gebiet der Psychoanalyse eindringen. Die Yogis schlagen ein empirisches Verfahren vor, das sich schon seit Jahrhunderten bewährt hat und keinerlei Gefahr für den Übenden darstellt.

Übung

Unsere Vorfahren reinigten sich traditionell im Herbst und im Frühjahr (ich persönlich erinnere mich heute noch mit Schrecken daran, wie ich Rhizinusöl schlucken mußte, und denken Sie an Molière ...). Die Yogis schlagen vor, auf eine ähnliche Art und Weise die Seele zu reinigen. Eine Form von primitiver Medizin, die aber Vorzüge besitzt, von denen wir schon lange nichts mehr wissen. Ich breche keine Lanze für körperliche Reinigungen, aber vielleicht habe ich Unrecht? Ich weiß zu wenig darüber, um es wirklich beurteilen zu können. Aber mir ist bekannt, daß die Reinigung der Seele, der Psyche, wenn Sie wollen, eine wertvolle Übung ist. Ich habe selbst erfahren, wie wichtig sie ist.

Sie sind seit einiger Zeit mißgelaunt und aggressiv, und Sie ertragen die Wechselfälle des Lebens immer schlechter. Sie haben eine seelische Reinigung nötig. Ihr „Schlamm" muß „weggeschrubbt" werden. Sie reinigen Ihren Geist von Schlamm, Schutt, heruntergefallenen Blättern, Erde und zerbrochenen Zweigen. An die Arbeit!

1. Im Schlamm rühren

Lassen Sie Ihre ganze Aufregung und Ihre schlechtesten Gedanken an die Oberfläche kommen. Wählen Sie nicht aus, sondern lassen Sie alles hochkommen: „Ich werde alt, ich bin häßlich, ich hasse meinen Hund, meinen Nachbarn, meine Frau ... was weiß ich?" Lassen Sie alles aufsteigen, ohne einzugreifen und ohne zu beurteilen. „Ich habe mich hier und dort wie ein Lump, wie ein Feigling benommen." Beurteilen Sie nicht, warten Sie, bis der Unrat an die Oberfläche gekommen ist. Sie werden anfangen, sich unwohler zu fühlen, der Gestank überwältigt Sie ... o weh! Sie haben eine tiefgehende Reinigung nötig!

2. Schutz suchen

Sie sollen am immer größer werdenden Gestank nicht ersticken. Laufen Sie, um sich moralischen Schutz zu suchen! Die Yogis haben in jedem von uns eine Zufluchtsstätte vorgesehen. Auch Sie besitzen einen solchen Schlupfwinkel, Sie müssen ihn nur finden. Die in der byzantinischen Tradition stehenden Sufis (Muslime) haben diese Technik benutzt. Sie hieß „Sicherer Hafen".

Sie gehen folgendermaßen vor: Stellen Sie sich vor, daß Ihr Bewußtsein ein leuchtender Punkt ist. Sie lassen diesen Punkt solange in Ihrem Körper hin- und hertreiben, bis Sie sich vollkommmen beschützt fühlen, bis Sie an einem sicheren Ort angekommen sind. (In vielen Fällen befindet sich dieser Ort im Brustbereich, aber er kann auch zum Beispiel im Bauch sein.) Wenn Sie sich in Ihrem Versteck eingerichtet haben, halten Sie die Nase ans Fenster und betrachten Sie die ganzen schlecht riechenden und aufgewühlten Dunstfelder, die aus dem aufgerührten Schlamm aufsteigen. Lassen Sie sie kommen und gehen, lassen Sie zu, daß sie sich in Luft auflösen ...

3. Die Wiederinbesitznahme

Stellen sie sich vor, daß Sie sich jetzt in den Schlamm setzen. Sie nehmen ihn wieder in Besitz. Beobachten Sie, wie sich die ekelerregenden Dinge hin und her bewegen, die Ihnen soviel Angst gemacht haben. Gehen sie durch diese Phantasiegebilde hindurch und waten Sie durch den Unrat. Sie werden sehen, wie sich alles verflüchtigt, auflöst, vom leichten Wind davongetragen wird. Seien Sie mutig genug, diese klebrigen Reste von verdrängtem Gedankengut mit der Hand zu berühren, das ist nur ein Haufen verfaulter Blätter, die auf einem Ast kleben. Beobachten sie alles genau, und werden Sie ganz ruhig. Erneuern Sie die Freundschaft mit Ihrem „inneren Schlamm". Sich kennen, sich in aller Deutlichkeit annehmen und sich so zu mögen, wie man ist – das ist der Weg, an dessen Ende die geistige Entspannung steht.

Das Gebet ist eine Entspannung

„Das Gebet ist eine Entspannung!" Diese erstaunliche Behauptung hat mich wie ein Blitz getroffen, als ich vor vielen Jahren den Tempel des aufmüpfigen, weltlichen Denkens besuchte: die große laizistische Schule. Meine Kameraden schauten sich verblüfft an und flüsterten sich zu: „Ist unser Lehrer verrückt geworden?" Dieser Mann, dessen tönende Stimme die Steine im Fluß zum Rollen und Singen bringen konnte, fuhr unerschüttert fort:

„Beten heißt: Vertrauen haben, sich loslassen, sich ganz in die Hand eines Gottes begeben, oder einer Autorität, die uns günstig gestimmt ist."

> Der Herr ist mein Hirte;
> Mir wird nichts mangeln.
> Auf grünen Auen läßt er mich lagern,
> zur Ruhstatt am Wasser führt er mich.
>
> (Psalm XXIII)

„Wenn wir wie hier aus der Bibel beten, oder in der Sprache irgendeiner Religion, befreit uns das von unseren Spannungen und von unseren Ängsten. Das ist eine überaus heilsame Übung zur Entspannung. Ich fordere Sie also auf zu beten, und wenn Sie das in keiner der bekannten Religionen können, dann empfehle ich Ihnen das weltliche Gebet."[30]

Das heimliche Gelächter verstummte, wir glaubten an eine Laune unseres Lehrers und gingen zu anderen Dingen über.

Es ist lange her, daß sich die auffällige Stimme meines Lehrers in den Nebeln der Ewigkeit verloren hat. Jetzt bin ich selbst alt geworden, und ob ich dabei nun weiser geworden bin oder auch nicht, weiß ich heute doch, daß er Recht hatte. Das Gebet ist eine Form der Entspannung, und das aus drei Gründen, die sich von Descartes herleiten lassen. Es gibt auch noch einen vierten, überzeugenden Grund, den man aber vielleicht weniger gut „hören" kann.

Um Ihnen mit leichter Hand zu beweisen, daß meine Behauptung stimmt, werde ich meine Argumente in alphabetischer Reihenfolge anordnen: A, B und C. Und ich werde ein griechisches Epsilon, ein kleines, fast unsagbares Epsilon anschließen. So winzig, daß es ganz davon abhängt, ob Ihr Herz es hören will.

A. Das Gebet bringt uns ins Gleichgewicht

Die Gebetshaltung muß nicht so sein, wie man sie sich traditonell vorstellt: zusammengekrümmt, ge-

---

[30] Für jene, die nicht an Gott glauben, gibt es folgende Formen des weltlichen Gebets: das Staunen über die Schönheit der Welt, der Glaube an das Schicksal des Menschen, sich als Teil des Universums empfinden, das Mitgefühl, die geteilte Liebe, das Leben annehmen, der Stille bedürfen ...

beugt, auf Knien, niedergeworfen, feige, bettelnd, herabwürdigend, demütig ... scherze ich? Nietzsche, Vigny und viele andere glaubten an diesen Unsinn, haben sich von diesen Oberflächlichkeiten und von diesem verfänglichen Anblick täuschen lassen. In Wirklichkeit erniedrigt uns das Gebet nicht, sondern es erhöht uns, es richtet uns auf, es hebt uns über uns selbst hinaus und formt aus uns den höchsten Punkt der Welle, den Hügel, den Berg, dann wenn die Erde bis zum Himmel aufsteigt. Vom *Muladhara-chakra* bis auf die Höhe des Kreuzbeins, unserer Wurzel, bis zum *Brahmachakra* an der äußersten Spitze des Gehirns, das sich zum Unendlichen hin öffnet, von der Lotusblüte mit vier roten Blättern bis zum weißen Lotus mit tausend Blättern, erfüllt sich unser Körper im Zusammenspiel mit der Seele, und unser Leben bekommt erst einen Sinn, wenn wir uns der Transzendenz zuwenden. Beten führt die Muskeln, das Herz und den Geist zusammen. Jeder Teil von uns, jedes „Instrument" findet seinen Platz, genauso wie ein Orchester, das, bevor es anfängt zu spielen, seine Geigen, Bratschen und Bässe stimmt. Beten bringt den Menschen seelisch und körperlich in Form und rückt den Himmel wieder an die richtige Stelle. Diese Ausgeglichenheit eröffnet uns den Weg zur Entspannung.

B. Beten heißt: mit Gott atmen

Wenn man darüber nachdenkt, dann bedeutet Beten, seinen Atem in Übereinstimmung zu bringen mit dem Atem Gottes:

„Herr, ich befreie mich von meinen Vorstellungen, Plänen, Befürchtungen und Gewissensbissen sowie von meiner Furcht, Mensch zu sein; bei jedem Ausatmen gebe ich mich in deine Hand ... Herr, ich werde erfüllt von deiner Kraft, deinem Licht, deinem Frieden und deiner Liebe. Ich empfange bei jedem Einatmen, und ich gebe bei jedem Ausatmen. Ich gebe, ich empfange, ich gebe und ich empfange ... Ich werde leer von dir Herr, ich gebe, ich empfange, ich gebe, ich empfange: ausatmen, einatmen, ausatmen, einatmen ... und die Bewegung bekommt einen Rhythmus, und der Gesang des Atems erfüllt mich mit Frieden. Das Gebet ist der Weg zur Zufriedenheit.

Das Gebet, das sich mit dem Atem verbindet, ist eine Entspannung.

Bemerkung:

Manchmal stößt man sich an folgendem Problem: Menschen, die zu ängstlich sind oder die bitter enttäuscht wurden, fällt es schwer zu akzeptieren, daß sie – ohne vorher etwas bekommen zu haben – gleich etwas geben sollen. Man muß in diesen Fällen umgekehrt anfangen: Beginnen Sie mit dem Einatmen! Nach und nach findet man sich dann in die vorgeschriebene Atembewegung hinein: ausatmen, einatmen.

C. Der Friede des Herzens

Das Gebet ist eine Liebeshandlung. Beten berührt das Herz. Alle großen mystischen Traditionen haben den Weg des Herzens beschritten: Die Buddhisten (das *Samadhi* wird dank des *Samadarshan* erreicht: das zu-

148

friedene Herz), die Juden (*chassidismus*), die Muslime (*Sufismus*), die Christen über die *via purgativa*: der Weg des geläuterten Herzens. Und kann man auf weltliche Art beten, ohne daß man vorher sein Herz von seinem Groll und seiner Heftigkeit befreit hat? Liebe, Herz ... man darf diese Worte nicht in ihrem herkömmlichen Sinn verstehen. Denn in unserem normalen Sprachgebrauch haben sie viel von ihrer eigentlichen Bedeutung verloren. Das Gebet beruft sich auf eine „Liebe" ohne Haß, Furcht, Enttäuschung, Eifersucht oder Zorn. Es erfordert ein „geläutertes" Herz, ein Herz, das „ja" sagt, das eine Quelle sprudelndes Wasser und ein Stück blauer Himmel ist. Das Gebet singt vom Frieden des Herzens, diesem Frieden, von dem das Evangelium erzählt, und der über unser Begriffsvermögen hinausgeht. Der Friede des Herzens ist eine Entspannung.

ε. Die Stille

Das Gebet beginnt meistens mit Bitten, Flehen, manchmal auch Schreien, und es mündet in die Stille, in die Gemeinschaft mit der Stille. Das Gebet ist ein Fluß, und wie sein Lauf auch sein mag und wo sich seine Schleusen öffnen: Die Absichten, das Aufbegehren, die Angst und dann das zurückgewonnene Gleichgewicht, der Atem, der Frieden des Herzens, das Vertrauen und die Liebe münden immer in der Stille. Alles in uns schweigt, und sogar das Räderwerk unseres Körpers steht still. Das Gebet wird erhört.

Das Gebet ist eine Oase der Ruhe.

Jede Generation tobt sich in ihrer Jugend aus und begeht unter einem Himmel, den sie für neu hält, definitive Dummheiten. Aber wenn der Tag zuende geht, wollen auch die jungen Leute das, was sie erlebt haben, dem Gebet anvertrauen; sie wollen die Botschaft hören, diese zwei oder drei Geheimnisse, die das Leben weniger schlimm machen, die die gefährlichsten Irrtümer vermeiden helfen und die den Weg im unbekannten Neuland ein wenig vorzeichnen. Ich habe es versucht, ohne mir große Illusionen zu machen, aber mit einer ungestümen Liebe. Wenn ich von Entspannung spreche, sind darin immer auch Ratschläge für das Leben enthalten gewesen. Das Glück fest im Auge zu haben, sich dafür zu entscheiden, glücklich zu sein, ist die einzig vernünftige Haltung, die man dem Leben gegenüber einnehmen kann. Sagen Sie nicht: Aber hier ist das und dort jenes … ich weiß. Aber man hat öfter die Wahl als man denkt.

Um dieses Ziel zu erreichen, braucht man Mut, aber auch noch zwei weitere Fähigkeiten:

1. Man muß seinen Frieden mit sich schließen, seine „Gitarre stimmen", das heißt, seinen Körper und seinen Geist genauso in Übereinstimmung bringen, wie Musiker vor jedem Konzert ihre Instrumente stimmen. Und man muß dies immer wieder tun (beispielsweise indem man sich entspannt). Ich sage nicht einmal, sondern unendliche viele Male!

2. Diese Fähigkeit ist weniger bekannt: Man muß „lieben", das ist das große Geheimnis, der Dreh- und Angelpunkt. Am schwierigsten ist es, sich selbst zu lieben, ohne sich zu betrügen und ohne zu zögern,

und auf diesem klaren und entgegenkommenden Weg muß man die anderen genauso lieben wie sich selbst. In diesem Buch habe ich die wichtigen Dinge häufig mit einem Lächeln gestreift. Ich habe sozusagen leicht gekocht. Ich wollte, daß auch diejenigen aus meiner unaufmerksamen Zeit, die wenig Lust haben, die großen Lehrsätze roh zu verdauen, aber die mehr hören wollen, als den Lärm des Radios, des Fernsehens und anderer abstumpfender Geräuschquellen, von meinem Wissen kosten und mir zuhören. Ich habe eine gehörige Portion Humor gebraucht, um, ohne meine Leser zu erschrecken oder zu verunsichern, zu zeigen, daß die höchste Weisheit, die Liebe von Gott, auch in den kleinsten Elementen einer einfachen Entspannung der Zunge, der Augenbrauen oder der Schultern enthalten sein kann.

Nachwort

Heutzutage schießen die Gurus wie Pilze aus dem Boden. Begierig scharen sie folgsame Schüler um sich und greifen nach jeder verfügbaren geheimen Lehre. So gesehen ist Henri Brunel das Gegenteil von einem Guru. Denn ihm geht es darum, in den anderen jene Flamme zu entzünden, die in ihm selbst brennt: die Hoffnung. Und er will den anderen dabei helfen, sich wirklich frei zu fühlen und mit der Freiheit richtig umzugehen. Seine anderen (noch nicht ins Deutsche übersetzten, S. W.) Werke lehren uns, wie wir trotz der zahlreichen Schwierigkeiten im Alltag zur Zufriedenheit gelangen können. Er lädt uns dazu ein, die Natur, die Vögel, die Wolken, die Blumen und Bäume mit unseren eigenen Augen zu betrachten. Der geringfügigste Anlaß motiviert ihn zu beten, und er ist offen für die überraschenden Einfälle seines Geistes. Dem Christen ist dieses Buch ein Evangelium fürs Leben, für den Alltag, der manchmal vielleicht etwas langweilig ist, uns aber immer wieder anzieht wie ein reife Frucht. Sie wissen schon, auf was ich hinaus will: Dieses Buch hier ist mehr als ein einfaches Kochbuch mit 22 köstlichen und wirksamen „Rezepten". Tatsächlich eröffnet es jedem die Möglichkeit, sich besser kennenzulernen und seinen Körper und seine Seele anzunehmen. Zudem enthüllt es das Geheimnis eines hervorragenden Kochs, der diese „Rezepte" zusammengestellt hat.

Der herrschende Zeitgeist ist geprägt von Rastlosigkeit und Streß. Unsere Wünsche verfallen dem schönen Schein, wir stellen uns selbst in den Mittelpunkt, und wir streben nach Macht. Ständig sind wir auf der Jagd nach Erfolg, Ehre und Geld, dem grausamen Meister, der uns in Sklaven verwandelt.

Henri Brunel ist ein freier Mann, der uns gerne frei sehen möchte, und er sagt es sehr laut, ja er schreit es sogar heraus und bezieht sich dabei auf das, was Shakespeare im zweiten Akt von *Romeo und Julia* geschrieben hat: „Abhängigkeit ist heiser, wagt nicht laut zu reden ..." Sich zu entspannen, heißt in erster Linie seinen Geist und seinen Körper zu beherrschen, um sie sich besser zunutze machen zu können. In zweiter Linie bedeutet es offen zu werden für Worte, die schon seit Anbeginn aller Zeiten eine Bedeutung haben. Sich nicht von der Strömung treiben zu lassen: Ist das nicht eine uralte Weisheit? Sicher, gegen den Strom zu schwimmen ist anstrengend, bedeutet Verzicht, aber Salomon sagt: „Indem ich über den Verstand nachdenke, vervollkommne ich ihn, und wenn ich ihn wach halte, werde ich bald von allen Sorgen befreit sein."

Die „Rezepte" des Autors sind immer mit einer Prise Humor gewürzt, der sie verlängert und anreichert. Wir werden mit ihnen nicht allein gelassen, der Autor ist immer bei uns, er gibt uns Sicherheit. Genauso wie jemand, der uns seinen Arm anbietet, um uns über die Straße zu leiten. Henri Brunel kennt die vielen Gesichter der Entspannungen, die als Therapien angewandt werden. Wenn die Methode von J. H. Schulz auf die muskuläre Entspannung zielt, die über

die verbale Suggestion erreicht werden soll, fundiert
die Methode von Jacobson auf der physiologischen
und mechanischen Entspannung. Was allen Methoden gemeinsam ist: Sie erfordern einen strengen Lern-
prozeß, man muß sie regelmäßig anwenden, und sie
arbeiten mit psychischen Introjektionen[31]. Welchem
Zweck soll das dienen? Für was ist es gut? Etwa für
die Selbstverwirklichung? Eine schöne Umschrei-
bung für den Sieg des Ego. Sicher, alle Techniken, die
zu sozialem und finanziellem Erfolg geführt haben,
rühmen diese Methoden. Bedeutet das aber nicht,
wieder in den goldenen Käfig gesperrt zu werden, aus
dem man sich befreit glaubte?

Der Autor möchte uns eine Welt zeigen, wo die
Nächstenliebe eine grundsätzliche Regel ist, wo all
diejenigen eine sprudelnde Quelle finden, die daraus
trinken wollen. Die „lokalen Entspannungen" helfen
uns, unseren Körper besser wahrzunehmen und mit
ihm wieder eins zu werden. Sie verhindern, daß er gegen unseren Willen „spricht". Denn gibt es etwas ty-
rannischeres als einen Körper, der in seiner Sprache
seine eigenen Bedürfnisse und Wünsche zurückfor-
dert? Wenn man die „allgemeinen und geistigen Entspannungen" lobt, glaubt man den englischen Mysti-
ker Augustin Baker zu hören, und jeder weiß, daß die
Engländer pragmatisch sind: „Die empfindsame Andacht, die ihren Ursprung im Körper und in allen
empfindsamen Organen hat, ist der Seele weniger

---

[31] Die Introjektion ist eine „Verinnerlichung" z.B. der Vorstellung
vom Mutter-Sein; zum Thema Entspannung: Man kann gemäß seiner
Vorstellungen durch den Körper wandern, ihn innerlich durchgehen,
S. W.

nützlich und für die Gesundheit gefährlicher als die empfindsame Andacht, die dem Geist entspringt und über diesen aus dem Körper kommt." Und Henri Brunel stimmt mit ihm überein, wenn er andeutet, daß der Frieden des Geistes dem Körper Ruhe schenkt – und nicht umgekehrt. Seine Bewunderung für die jahrtausendealten Weisheiten der Inder und der Chinesen ist offensichtlich. Ob es nun in der „Entspannung im Stehen" oder „beim Spaziergang" oder in der originellen „heimlichen Entspannung" ist, er zieht immer das „*Wir*" dem „*Ich*" vor, und er konzentriert sich mehr auf die „Entspannung" als auf das Individuum. Wir stehen in Wechselbeziehung mit den anderen Menschen, der Natur und dem Kosmos.

Dieses Buch ist nicht nur für einige Gläubige bestimmt, sondern es eröffnet allen einen Weg über das Gebet, es leitet eine Verwandlung ein. In der „Entspannung der fünf Sinne" läßt unser „Therapeut" – weit davon entfernt, unsere Herzen zu verschließen und uns in die Nähe einer gefährlichen Innerlichkeit zu führen – eine Klarsicht gegenüber einer Wirklichkeit entstehen, die man nur über die Sinne erfahren kann. Er reinigt unser „Bewußtsein von uns selbst", er vertieft es bis hin zur feinsten Wahrnehmung des „wesentlichen Ichs", weit entfernt von allen Bindungen und Gefängnissen des Ego. So wird die Erfahrung des Absoluten möglich.

Danke, mein Freund, für diese „Entspannungsrezepte", es sind Rezepte des Glücks, denn Lieben, sagst du, ist das große Geheimnis. Lieber Freund Brunel, du hast uns etwas Schönes, Gutes, Wahres geschenkt. Danke, daß du die Anstrengung unternommen hast, diese Rezepte zu schreiben, und uns auf diese Weise in dein Herz hast schauen lassen, ein Herz, das sich nichts sehnlicher wünscht als mit den anderen zu teilen. „Entspanne dich", das ist das Geheimnis der Weisheit und des Vertrauens, das auf der wahren Freundschaft beruht.

Dr. Cuvelier
Psychiater an der Schule für
Hypnose in Nancy
Mitbegründer der Sophrologie

Die Kunst zu leben

Verena Kast
Vom Sinn der Angst
Wie Ängste sich festsetzten und wie sie sich verwandeln lassen
224 Seiten, Klappenbroschur
ISBN 3-451-26151-0
Mit tiefenpsychologischem Scharfblick analysiert Verena Kast die
Dynamik, die Angst zum lebensbestimmenden Element macht. Ein
grundlegendes, gut zu lesendes Werk zur Thematik Angst.

Gisela Preuschoff
Kinder zur Stille führen
Meditative Spiele, Geschichten und Übungen
160 Seiten, Klappenbroschur
ISBN 3-451-23897-7
Die Autorin gibt konkrete Tips, wie Kinder auf den Weg der Ausge-
glichenheit zurückgeführt werden können.

Peter Paal
Mut zum Leben
Wie man im Alltag Kraft schöpfen kann
240 Seiten, gebunden
ISBN 3-451-22335-X

Peter Paal
Die wuderbare Kraft der Gedanken
Glückerfahrungen
230 Seiten, gebunden
ISBN 3-451-21560-8

Lawrence LeShan
Vom Sinn des Meditierens
Schlüssel zu einem erfüllteren Leben
Aus dem Amerikanischen von Emmy Poggensee
Band 4615
Meditierende werden offener, gelassener und entwickeln persönliche
Stärke.

HERDER

Jon Kabat-Zinn
Im Alltag Ruhe finden
Das umfassende praktische Meditationsprogramm
Band 4533
Gesund leben fängt im Alltag an – in diesem Augenblick. Meditation ist
die Möglichkeit, diese Erkenntnis umzusetzen.

Ngakpa Chögyam
Reise in den inneren Raum
Einführung in die tibetische Meditationspraxis
Mit zahlreichen Abbildungen
Band 4516
Den eigenen Weg erkunden und aufmerksam beschreiten. Ein anschau-
liches Begleit- und Übungsbuch zur Meditationspraxis.

Verena Kast
Sich wandeln und sich neu entdecken
Band 4477
Wie man Verlusterlebnisse meistern, Lebenskraft freisetzen und zu
neuer Lebensleidenschaft aufbrechen kann.

Nelly Bidot/Bernard Morat
NLP – leichtgemacht
Das Übungsprogramm zur erfolgreichen Lösung von Alltags-
problemen
Aus dem Französischen von H. W. Eichelberger
Band 4457
Mehr Lebensfreude, Erfolg im Beruf und gelingende Beziehungen mit
Hilfe des Neuro-Linguistischen Programmierens.

Dalai Lama
Der Friede beginnt in dir
Wie innere Haltung nach außen wirkt
Band 4451
Die moderne Auslegung der wichtigsten Lehren über den Weg zu inne-
rem und äußerem Frieden. Einer der schönsten Texte des Buddhismus.

HERDER

Harry E. Stanton
Denkbar einfach!
Die Kraft der Phantasie erfolgreich nutzen
Band 4423
Die Kunst positiv zu denken und ohne blockierende Ängste zu leben, ist
überrraschend leicht erlernbar: mit Hilfe der eigenen Phantasie.

Fritz Fischaleck
Bevor die Fetzen fliegen
Faires Streiten in der Partnerschaft
Band 4409
Der erfahrene Paartherapeut und Eheberater demonstriert an vielen
Beispielen, wie faires Streiten gelingt.

Klaus W. Schneider
Stell dir vor, es geht...
Glück, Gesundheit und Erfolg durch positives Denken.
Ein Ratgeber.
Band 4282
Ein wertvolles Übungsbuch, daß uns die neuen Chancen, die in unseren
Problemen liegen, erkennen läßt. Voller Zuversicht und Mut hilft es,
unser Leben neu zu gestalten.

Verena Kast
Sich einlassen und loslassen
Neue Lebensmöglichkeiten bei Trauer und Trennung
Band 4261
Den Blick nach vorn richten, eine neue Lebens-Leidenschaft
entwickeln: Das sind Chancen, die das Leben auch im Loslassen reicher
machen.

Rudolf Köster
Im Gleichgewicht bleiben
Umgang mit seelischen Belastungen
Band 4198
Der praxiserfahrene Arzt zeigt, wie die seelischen Ursachen körper-
licher Erkrankungen überwunden werden können.

HERDER

Gina Kaestele
Umarme deine Angst
Neun Helfer zur Verwandlung von Hilflosigkeit und Angst
Das praktische Selbsthilfeprogramm
Band 4179
Die erfahrene Therapeutin zeigt, wie sich Unsicherheit und Angst in
positive Kraft verwandeln lassen.

Karlfried Graf Dürckheim
Meditieren – wozu und wie
Band 4158
Geheimnisse erfahren und sich als ganzer Mensch verwandeln. – Eines
der reifsten und praktischsten Werke Karlfried Graf Dürckheims.

Rüdiger Rogoll
Nimm mich, wie ich bin
Lieben und Lassen in der Partnerschaft
Band 4102
Rüdiger Rogoll entwirrt die komplizierten Regeln von Psychospielen in
der engen Beziehung zwischen Menschen.

Viktor E. Frankl
Psychotherapie für den Alltag
Band 4072
Einsichten zu den großen Themen des Lebens: zur Liebe, zur Melan-
cholie, zu Überlastung und Streß, zum Älterwerden und Reifen, zu Leib
und Seele.

Verena Kast
Loslassen und sich selber finden
Die Ablösung von den Kindern
Band 4002
Sich loslassen und sich als Erwachsene neu begegnen. Phasen und
Chancen im Ablösungsprozeß von den Kindern.

HERDER